미래국어교육총서 ❷

쓰기 발달과 쓰기 교육의 실천

미래국어교육총서 2

쓰기 발달과
쓰기 교육의 실천

가 은 아

역락

머리말

　이 책은 우리나라 학생들의 쓰기 발달 양상과 특성을 밝히고, 학생들의 쓰기 발달을 위한 교육적 실천 방안을 제안하는 데에 목적이 있다. 쓰기 발달 연구는 쓰기 교육을 설계하고 실천하기 위해 필요한 기본적인 정보를 제공하므로 기초 연구로서의 중요성이 매우 크다. 그럼에도 불구하고 쓰기 발달에 대한 실증적인 연구가 부족하여, 쓰기 교육을 펼치는 데 일정 부분 제약이 있었다. 이러한 문제의식을 시작으로 이 책에서는 쓰기 발달에 관한 주요 논의를 바탕으로 이론적 배경을 검토하고, 조사 연구의 방법을 적용하여 학생들의 실제적인 쓰기 발달 양상을 탐색하였다. 학생들이 쓴 텍스트의 분석을 통해 발달적 특성을 증명하고 명료화하였으며, 쓰기 발달을 이끌기 위해 교실 현장에 활용해 볼 수 있는 몇몇 실천 방안들을 제공하고자 하였다. 이 책에서 다루어진 각 장의 구체적인 연구 내용은 다음과 같다.

　1, 2장에서는 쓰기 발달 연구의 필요성과 의의를 밝히고, 이 책의 이론적 토대를 마련하고자 하였다. 이 책의 연구 대상이 초등학교 3학년에서 고등학교 3학년 학생들이므로, 여기에 해당하는 아동기 및 청소년기의 문식성 발달 특성을 살펴보았다. 쓰기 발달을 논의하기 위해 쓰기 능력과 쓰기 태도에 주목하여 이들의 개념을 확정하고, 쓰기 능력과 쓰기

태도 발달에 관한 주요 논의들을 정리하였으며, 쓰기 수행에 영향을 미치는 요인으로 필자 내적 요인과 필자 외적 요인을 검토하였다.

3장에서는 쓰기 발달의 실제를 밝히기 위한 연구 방법을 기술하였다. 연구 대상으로 서울, 대전, 전북, 경남 지역의 초등학교 3학년부터 고등학교 3학년 학생 1,102명이 참여하였다는 점과 쓰기 능력, 쓰기 태도 그리고 평가 기준과 관련한 조사 도구의 제작과 확정 과정을 밝혔다. 이어서 예비 검사에서 본 검사에 이르기까지 연구의 진행 과정을 밝히고, 평가자 훈련이나 평가자간 신뢰도 검증과 관련한 평가 절차와 분석 도구를 기술하였다.

4장에서는 연구 결과를 분석하고 그에 따른 논의를 전개하였다. 쓰기 능력과 쓰기 태도가 어떠한 발달 양상을 보이고 그 특성이 무엇인지를 분석하고 해석하였다. 구체적으로는 초등학교 3학년부터 고등학교 3학년에 이르는 동안에 쓰기 능력과 쓰기 태도가 두드러지게 발달하는 지점을 확인하였다. 특히 쓰기 능력 발달과 관련하여서는 쓰기 능력 발달 단계를 설정하고 쓰기 능력의 하위 구성요인으로 각 평가 기준에 따른 특성들을 추출하였다.

5장에서는 우리나라 학생들의 쓰기 발달 특성을 바탕으로 하여, 쓰기 발달을 이끌기 위해 쓰기 교육 현장에서 실천할 수 있는 몇 가지 방안을 제안하였다.

이 책을 쓰는 데 많은 분들이 함께해 주셨다. 먼저, 부족함을 탓하지 않으시고 한결 같은 지지와 격려를 해 주신 한국교원대에 계시는 박영민 교수님께 깊은 감사를 드린다. '물리적인 나이 차이는 얼마 안 나나 심리적인 나이 차이는 너무도 많이 나는' 교수님이 아니었다면 엄두도

내지 못할 일이었다. 또한 작문 교육을 위해 함께 고민하고 조언을 아끼지 않았던 동료 연구원들과 현장 선생님들에게도 감사를 드린다. 더불어 여기저기 어긋나는 글을 다듬어 주고 출판해 주신 역락 출판사 식구들에게도 감사의 말씀을 전하고 싶다.

그리고 가장 든든한 후원자 겸 학문적 동료가 되어 준 유종혁 선생님에게 진심 어린 존경과 고마운 마음을 전한다.

2017. 4.

가 은 아

차례

제 1 장

쓰기 발달의 특성

1. 문식성 발달

일반적으로 글을 읽고 쓸 줄 아는 능력이라 일컬어지는 문식성[literacy]은 처음에는 읽는 방법을 아는 것만을 의미해 오다가 읽기와 쓰기를 아우르면서 그 의미가 확장되었다(Tompkins 2001). Raphael & Hiebert(1996)는 어떤 학자들은 문식성을 글의 인식과 해독에 초점을 맞추기도 하고, 인지 과정의 측면에서 강조하기도 하며, 혹은 정치적이거나 사회적인 차원에서 문식성을 정의하고 있다는 것을 들면서 이를 정확하게 규정하기가 쉽지 않음을 지적한다. 그는 문식성이 단순히 문자를 해독하는 능력에서부터 사회·정치적 행위와 같이 폭이 넓은 개념까지 포함하는 복합적 의미를 지닌다고 보았으며, 문식성의 정의가 교실에서 학생들의 삶과 교사들이 정하는 문식적 교육과정의 적용에 도달하도록 고려하는 것이 중요하다고 생각하였다.

Corden(2000)은 문식성의 개념을 비판적이고 해석적인 지점으로 확대하고 있다. 그는 문식성의 개념을 혼자서도 유창하게 읽기 위해 다양한 텍스트를 해독하는 능력, 경향, 선입견, 풍자, 아이러니에 대해 간파하는 능력, 현실과 거짓을 구별하는 능력, 비판적인 평가, 분석, 그리고 텍스트에 대한 판단 능력, 텍스트에 도전하고 대안이나 다른 해석을 하는 능력, 텍스트의 철학적인 것에 대해 거부하는 능력으로 보았다. 이와 비슷한 맥락에서 개인의 사고와 언어가 다른 기호들과의 텍스트 상호적 관계에 의해, 사회의 권력관계나 이데올로기와의 밀접한 관련 속에서 이루어진다고 진단하고, 사회·문화적 실천으로서의 문식성에 접근할 필요성을 역설한 최인자(2001), '언어를 중심으로 다양한 기호 체계를 이해하고 조작하며, 기호 작용에 대한 인식을 바탕으로 텍스트를 비판하고, 디자인하며 유통하는 실천적 힘'으로 문식성을 정의한 정혜승(2008)의 논의 또한 문식성 개념의 확장을 잘 보여준다.

이러한 문식성 개념의 확장은 사회 변화를 온전히 담아내지 못한 기존 문식성 교육에 대한 비판과 새로운 문식성 교육에 대한 요구로 인해 보다 활발해진 측면도 있다. 주체와 텍스트를 둘러싸고 있는 사회·문화적인 이데올로기를 해석하고 성찰할 수 있는 주체의 형성을 강조하며, 맥락 중심의 문식성 교육을 실천하고자 하거나(이재기 2004; 이재기 2006), 개인이 사회·문화적 소통에 참여하는 데 필요한 기본적인 문화 지식(기능)으로 문화적 문식성을 상정하고, 문학교육을 통한 문화적 문식성 교육의 제안하면서(박인기 2002), 그리고 복합텍스트 차원에서 문자뿐만 아니라 기호를 아우르는 기호학적 관점으로 문식성 교육의 확대를 꾀하면서(정혜승 2008) 다양한 논의들이 전개되었다.

문식성은 본질적으로 텍스트를 읽고 쓸 줄 아는 능력이고, 이러한 문식력을 성숙시키는 일은 여전히 교육적 측면에서 유효하다고 할 수 있다. 다만 단순히 글을 읽고 쓸 줄 아는 기초적인 능력에서 나아가, 특정 공동체의 구성원으로서 일정한 역할을 수행하기 위해 요구되는 문식성이 강조되어야 할 것이며, 주체를 둘러싸고 있는 다양한 사회·문화적 맥락이나 정치적인 이데올로기 등을 해석하고 비판하며 성찰할 수 있는 문식성으로도 확대될 필요가 있음은 분명하다.

앞서 살펴본 바와 같이 사회에서 요구하는 문식성이 기능적인 문식성에서 비판적 문식성과 사회·문화적인 문식성으로 변화되고 확대됨에 따라, 문식성의 발달도 보다 거시적인 차원에서 접근해야 할 필요성을 간파할 수 있다. 다만 그러한 필요성을 충분히 공감하면서도, 이 책에서는 연구의 목적상 학생 개인이 텍스트를 읽고 해석하거나 표현하는 능력에 비판적 문식력, 사회·문화적인 문식력이 내재되어 있다는 전제에서 문식성 발달의 논의를 진행할 필요가 있다.

인간이 동물로부터 구별되는 가장 큰 특징이 음성언어를 사용하여 의사소통할 수 있다는 것이라고 한다면, 인간이 문자언어를 사용하여 문식 활동을 할 수 있다는 것은 문명인과 비문명인을 구별하는 데 중요한 기준이 될 것이다. 인간은 문식 활동을 통해 생각을 정교화하기 시작했고, 지식을 축적하는 것이 가능해졌으며, 다음 세대로 가치 있는 지식을 전수할 수 있게 되었다. 또한, 본격적인 문식성의 확장1)으로 일부 특권층에서 누리던 지적 권위가 붕괴됨에 따라, 누구나 문식 활동의 주체가 될 수 있게 되었는데, 이는 실로 중대한 사건이라고 할 수 있다. 인간이

---

1) 본격적인 문식성의 확장의 단면은 루터의 종교개혁에서 찾아볼 수 있다. 루터는 당시 인쇄술의 발달에 힘입어 라틴어 성경을 독일어로 번역하여 일반인에게 공급하였다. 그때까지 성경은 교황을 비롯한 일부 지식층만이 읽을 수 있고 해석할 수 있었는데 이로 인해 누구나 성경을 읽을 수 있게 되면서 특권층이 누리던 지적 권위가 붕괴되었다. 이러한 문식성의 확장은 교육 기회의 확대와 더불어 시민층이 새로운 지식층으로 성장할 수 있는 기회를 제공하였고, 결과적으로 민주주의 사회를 촉발시키는 계기가 되었다. Olson(2009)에 따르면, 루터가 종교개혁을 성공한 데에는 루터가 그의 생각에 동조하는 추종자를 중심으로 한 텍스트적 공동체를 형성하고 그들을 직접 문식 활동에 참여시켰기 때문이다.

읽고 쓰는 데 자유로워졌다는 것은 사고의 독립을 말하는 것으로, 비로소 개개인이 주체로서의 당당한 목소리를 낼 수 있게 되었음을 의미하기 때문이다.

문식성의 중요한 두 측면인 읽기와 쓰기는 많은 부분 의미 구성의 배경지식을 공유하지만, 문식성 발달과 관련해서 읽기보다 쓰기가 더 늦게 발달하는 것으로 알려져 있다. 독자는 다른 누군가가 쓴 생각에 대해 정신적 표상을 형성하는 반면, 필자는 자신의 사고를 형성하고 그것을 조직하며, 철자와 문법의 관습을 사용하여 그들의 문자 기록을 만드는 (Graham & Perin 2007) 복잡한 과정을 거쳐야 하므로, 일반적으로 쓰기는 읽기보다 더 어렵다고 할 수 있다. 읽기를 능숙하게 해내는 학생이 쓰기에는 미숙한 경우를 종종 보게 되는 이유가 이 때문이다.

문식성과 관련하여 읽기 발달은 비교적 체계적으로 연구되어 온 반면에 쓰기 발달에 대한 연구는 충분히 축적되지 못하였다. 읽기 발달처럼 쓰기 발달 단계를 탐색한 연구보다는, 유아들을 대상으로 하여 구어와 대별되는 문어로서의 쓰기가 어떻게 습득되어지는지에 주목한 연구가 대부분이다. 다만 선행 연구에 의하면(Baghban 1984; Klein 1985), 문자언어의 습득은 보편적으로 선그리기와 끄적거리며 그리기로부터 시작해서, 자신만이 알 수 있는 독특한 글자를 만들어 쓰는 것으로 점차 발달하고, 그런 다음 약속된 기호로서의 문자를 음성과 연결한다는 것을 알 수 있다.

Cooper & Kiger(2008)는 문식성과 관련한 기존의 논의를 토대로 문식성 발달을 '초기 발생적 문식성'으로부터 '능숙한 읽기와 쓰기' 단계까지 5단계로 나누었다. 그가 제시한 문식성 발달 단계와 각 단계에서의 특징 및 시기를 표로 나타내면 다음과 같다.

단계	특징	시기
초기 발생적 문식성 (Early Emergent Literacy)	• 문식성의 기초를 발달시키는 단계 • 음성언어가 발달하며 문자에 호기심을 가짐	유치원에 들어가기 전
발생적 문식성 (Emergent Literacy)	• 더욱 표준화된 음성언어 형태를 사용 • 글자를 만들고 이름을 붙이는 행동을 보임 • 문식 활동에 점점 더 흥미를 가짐 • 단어를 인식하는 것과 같은 문자에 대한 개념이 발달	초등학교 1학년을 시작할 무렵
초보적 읽기와 쓰기 (Beginning Reading and Writing)	• 음성언어가 확장되고 관습적인 방식으로 실제로 읽고 쓰기 시작함 • 단어 분석 기능이 발달하고, 읽기가 능숙해지기 시작함 • 단어의 의미 이해가 증가함	1학년에서 3학년까지 계속됨
거의 유창한 읽기와 쓰기 (Almost Fluent Reading and Writing)	• 문식성의 모든 측면에서 점점 더 세련되어짐 • 묵독을 많이 하고 소리 내지 않고 씀 • 글을 더 많이 쓰고, 말하기, 듣기에서 어휘의 증가를 보임	2학년 말에서 시작되어 4학년이나 5학년을 초까지 계속됨
유창한 읽기와 쓰기 (Fluent Reading and Writing)	• 다양한 목적으로 읽기, 쓰기, 말하기, 듣기를 사용 • 읽기와 쓰기의 대부분의 기능을 습득함	4학년에 시작되어 고학년 내내 그리고 중학교와 고등학교로 지속됨. 사람이 살아가는 내내 지속됨

　아동기에는 '발생적 문식성' 시기를 지나 '초보적 읽기와 쓰기' 단계와 '거의 유창한 읽기와 쓰기' 단계, 그리고 아동기와 청소년기에는 '유창한 읽기와 쓰기' 단계에 진입하는 것을 알 수 있다.

　'초보적 읽기와 쓰기' 단계는 Chall(1996)이 읽기 발달 단계로 제시한 1단계인 '초기 읽기와 해독' 단계에 해당한다. 학교 교육의 시작과 함께 읽기를 본격적으로 학습하게 되면서 주로 음성언어의 사용에 익숙해져 있던 아동들이 문자언어에 노출되기 시작한다. 또한, 글자와 소리의 관계를 알고 구어와 문어의 차이를 인식하며, 친숙하지 않은 단어도 발음하고 읽을 수 있다(Chall 1996). 이 시기 아동들은 주로 글자를 소리 내어 읽는 음독을 하는데, 이는 아동이 글을 읽고 있다는 증거이면서, 이를 통해 아동의 읽기 발달을 가늠할 수 있기 때문에 중요하다(천경록 1999). 아동들은 스스로 글을 해독할 수 있으며, 문자언어를 통해서도 의사소통을 할 수 있게 된다.

'거의 유창한 읽기와 쓰기' 단계는 초등학교 2-4학년에 해당한다. 이 시기는 문식성의 측면에서 보다 세련되고 정교해지는 시기로, 이 시기의 가장 큰 특징으로는 읽기의 유창성이 급격하게 발달한다는 점이다. 읽기의 유창성은 읽을거리로 제시되는 문자언어의 노출 빈도 및 양과 밀접한 관련이 있다고 알려져 있다. 또한, 이 시기에 학습 독서가 시작되는 것과도 관련이 있다. 이 시기 대부분의 아동들은 읽기 과정이 자동화가 되므로, 글의 의미를 이해하는 능력으로 아동들 사이의 개인차를 설명할 수 있다. 따라서 어휘를 많이 알지 못할 경우 독해의 어려움을 겪게 되고, 어휘에 대한 지식이 읽기 성취도를 예측하게 된다(Hoff; 이현진 외 2006). Chall(1996)은 이 단계를 '해독 유창기'로 보았으며 천경록(1999)은 '기초 기능기'로 설명하고 있다.[2]

이 시기는 또한 음독에서 묵독으로 이행되어 묵독이 완전해지는 시기

---

2) Chall(1996)은 읽기 발달 단계로 6단계를 설정하였다. 그는 아동기와 청소년기의 발달을 세분화하였으며 대학생 이후까지를 발달 단계에 포함시키는 등 읽기 발달에 대한 확대된 관점을 보여준다. 그가 제시한 읽기 발달 단계는 다음과 같다. 0단계 : 읽기 전 단계(0-6세), 1단계 : 초기 읽기와 해독기(1-2학년, 6-7세), 2단계 : 해독 유창기(2-3학년, 7-8세), 3단계 A : 새로운 것을 배우는 읽기(4-6학년, 9-11세), B : (7-9학년, 12-14세), 4단계 : 다양한 관점으로 읽기(고등학생, 14-18세), 5단계 : 구성과 재구성(대학생, 18세 이상). 천경록(1999)은 Chall(1996)의 논의를 보다 구체화하고 확장시켰다. 그는 읽기 발달 단계로 읽기 맹아기(유치원 시기까지), 읽기 입문기(초1-2), 기초 기능기(초3-4), 기초 독해기(초5-6), 고급 독해기(중1-2), 읽기 전략기(중3-고1), 독립 읽기기(고2 이후)의 7단계를 제안하였다.

라는 점에서 주목할 필요가 있다. 음독은 뇌에서 의미가 구성되기까지 여러 단계를 거치게 된다. 글을 시각적으로 인지해야 하고, 글자와 소리를 대응시켜 음성화해야 하며, 청각을 통해 다시 들은 다음에라야 뇌에서 이해 과정이 일어난다. 음독은 이해의 과정까지 복잡한 단계를 거치게 되므로, 오류가 개입될 여지가 많고 비효율적이다. 이에 반해 묵독은 눈으로 글을 인지하기만 하면 바로 뇌에서 의미를 구성하기 때문에 음독에 비해 정보처리가 효율적이며, 신속한 독서와 전략적인 독서가 가능하다(박영민 2003). 이러한 음독에서 묵독으로의 이행은 미숙한 독자와 능숙한 독자를 가르는 중요한 분기점으로 작용할 수 있다.

'유창한 읽기와 쓰기'의 단계는 초등학교 4, 5학년 이후의 시기이다. 학생들은 읽기, 쓰기와 관련된 대부분의 기능을 습득하고, 다양한 목적에 알맞은 문식 활동을 펼쳐나갈 수 있게 된다. Chall(1996)은 읽기 발달과 관련하여 이 시기를 보다 세분하였는데, 읽기 발달 3단계인 '새로운 것을 배우는 읽기' 단계(초4-중3)와 4단계인 '다양한 관점으로 읽기' 단계(고1-고3)에 해당한다. '새로운 것을 배우는 읽기' 단계는 학습을 위한 읽기가 큰 비중을 차지하게 되면서 의미 중심의 읽기가 본격적으로 실행된다. 음독과 묵독의 과도기에 있던 전 단계에 비해 완전한 묵독이 이루어지고 다양한 텍스트 읽기가 가능해진다. '다양한 관점으로 읽기' 단계는 자신의 읽기 목적에 따라 다양한 읽기 기능과 전략들을 실행해 가면서 읽어 가는 단계이다. 일반적으로 중학교 이후의 시기에 해당하는데, 이 시기에는 읽기 기능이 보다 정교화되고, 자신의 읽기 과정을 조절할 수 있는 상위인지 활동이 가능해짐에 따라 추론적 읽기나 비판적 읽기 등과 같은 보다 적극적이고 수준 높은 읽기가 실현될 수 있다. 천경록(1999)에 따르면 중학교 3학년부터 고등학교 1학년 시기에는 구체적인 읽기 목적에 맞추어 자신의 읽기 상황을 점검하고 조정하면서 전략적으로 읽기를 수행하게 된다.

아동기와 청소년기의 문식성 발달은 좁은 의미에서는 교육을 위한 기초이자 넓은 의미에서는 교육의 궁극적인 지향점이 될 수 있기에 중요하다. 문식성이 부족한 학생들은 학업에 어려움을 겪을 수밖에 없고, 이것이 생애 내내 여러 면에서 지속적으로 걸림돌로 작용할 수 있기 때문에 더욱 그러하다. 학생들이 다변화하는 사회에서 비판적이고 성찰적인 주체로서 살아갈 수 있도록, 충분한 격려와 지원 속에서 문식성 발달이 이루어져야 할 것이다.

2. 쓰기 능력 및 쓰기 태도의 발달

(1) 쓰기 능력의 발달

▌쓰기 능력의 개념

쓰기 교육의 목적이 학생들의 쓰기 능력을 신장시키는 데 있다고 한다면 여기에는 쓰기 능력에 대한 규정이 전제되어야 할 것이다. 쓰기 능력을 어떻게 바라보고 규정하느냐에 따라 추구해야 할 교육의 방향도, 내용도, 방법 및 평가도 달라지기 때문이다. 쓰기 능력은 대체로 형식주의 작문이론, 인지주의 작문이론, 그리고 사회구성주의 작문 이론으로 대별될 수 있는데, 이들 작문이론의 패러다임이 무엇을 쓰기 행위로 간주하고 강조하는지에 따라 그 정의도 달라져 왔다.

형식주의 작문이론을 추구했던 사람들은 자족적 실체로서 미적 구조가 완벽한 텍스트를 생산해 내는 것을 중요 과제로 생각하였다. 그들은 텍스트를 분해하고 분석하면 미적 구조를 찾아낼 수 있다고 믿었으며,

수사적 규칙과 규범 문법을 준수할 때 모범적인 텍스트에 도달할 수 있다고 여겼다. 따라서 쓰기 교육은 모범문을 선정하고 모방하여 재현해 내는 데 중점을 두었으며, 모범문을 완벽하게 재현해 낼 수 능력을 쓰기 능력으로 보았다.

이들 형식주의 작문 이론가들과는 달리 인지주의 작문 이론가들은 필자가 의미를 구성해 나가는 과정을 쓰기 행위로 보았다. 그리고 의미를 구성해 내는 능력과 의미를 구성하기 위해 처리해야 하는 심리적 문제들을 해결하는 능력을 쓰기 능력이라고 규정하였다. 따라서 이들은 쓰기 능력을 신장시키기 위해서는 필자가 겪고 있는 문제 상황을 정확히 파악하고, 그것을 해결할 수 있는 전략이나 기능을 가르쳐야 한다고 강조하였다.

한편 사회구성주의 작문이론가들은 일정한 담화 공동체에 속한 필자와 예상독자가 끊임없이 협의하는 과정을 쓰기 행위로 보았다. 이들은 쓰기 행위가 필자 혼자서 고립된 상태에서 이루어지는 것이 아니라 예상 독자와의 끊임없는 대화나 협상의 결과라는 것을 피력하며 예상 독자의 역할을 부각시켰다. 이들은 예상독자의 특성을 파악하고 글을 쓰는 능력, 담화공동체의 관습을 습득하는 능력을 쓰기 능력이라 규정하였다.

이들 작문 이론은 쓰기 능력이 무엇인지 파악하는 데에 일정 부분 기여하고 있지만, 각각의 이론이 텍스트 자체만을, 필자의 의미 구성만을, 그리고 사회적인 상황만을 강조하여 쓰기의 한 측면을 지나치게 옹호하거나, 다른 측면들은 배제하면서 편협하게 쓰기 능력을 규정해 왔다는 한계를 보인다(가은아 2010b).

박영목(2008a)에 따르면 글을 쓰는 행위는 의미를 구성하는 행위임과 동시에 목적에 맞게 필자의 지식을 변형하고 구성하는 인지적 과정이며,

다양한 가능성 중에서 어느 하나의 대안을 선택해야 하는 협상의 과정이기도 하다. 이러한 협상의 과정은 필연적으로 필자를 둘러싼 사회적 맥락이나 담화 공동체의 관습에 기대게 된다. 쓰기가 본질적으로 필자 개인의 머릿속에서 이루어지는 인지적, 정의적 작용이지만, 개인은 사회·문화적 지식을 공유하고 있고 사회의 영향력을 벗어날 수 없기 때문이다(Alexander et al. 1991).

어느 한 작문이론에 기대어 쓰기와 쓰기 능력에 대해 편협한 시각을 갖는 것은 경계할 만하다. 여러 논의들을 토대로, '필자가 자신의 생각이나 정서를 바탕으로 새로운 의미를 구성하여 표현하는 능력이면서, 동시에 담화 공동체 속에서 문자언어를 통해 타인과 의사소통할 수 있는 능력'으로 쓰기 능력을 규정할 수 있다. 이러한 쓰기 능력은 최종적으로는 텍스트로 구현되기 때문에 본격적인 쓰기 능력은 의미 구성에 따른 전사 능력이 어느 정도 자동화가 이루어졌을 때 측정이 가능하다.

필자는 글을 쓰면서 '주제를 무엇으로 할 것인가?, 독자는 누구이고 어떤 특성을 지녔는가?, 마련한 내용은 글의 목적에 맞는가? 글의 목적을 달성하기에 효과적인 내용 전개 방법은 무엇인가? 선택한 단어가 적절한가? 이 글을 읽고 독자가 어떤 반응을 보일 것인가?' 등 글을 쓰는 동안 부딪히게 되는 여러 가지 문제들을 해결할 수 있는 능력이 있어야 한다. 이는 내용을 생성해 내고 마련하는 능력, 마련한 내용을 구조화하고 체계화하는 능력, 그리고 문자언어로 효과적으로 표현하는 능력이라고 할 수 있으며, 이들 능력은 전체적인 쓰기 능력의 하위 구성 요인으로 그 역할을 담당하게 된다.

이러한 필자의 쓰기 능력은 쓰기를 수행하는 과정에서 발현되고, 쓰기 수행의 결과물인 텍스트에 반영되어 나타난다. 그러므로 쓰기 수행의 과정과 결과를 분석함으로써 쓰기 능력을 파악할 수 있다. 쓰기 과정의 분석이란 필자가 글을 쓰는 과정을 관찰하거나 내성법 등의 방법을 통해 필자의 머릿속에서 일어나는 사고 과정을 추정하여 필자의 쓰기 능력이 어느 정도인지를 확인하는 것을 말한다. 필자가 쓰기 과정에서 겪는 어려움이 무엇인지, 문제를 해결하기 위해 어떤 전략을 사용하는지, 글을 쓰는 과정에서 끊임없이 예상 독자를 인식하는지, 필자의 사고를 문자언어로 변환하는 과정이 제대로 이루어지는지 등으로 필자의 쓰기 능력을 판단할 수 있다.

필자가 생산한 텍스트에 쓰기 능력이 어떻게 반영되어 있는지를 분석함으로써 필자의 쓰기 능력을 판단할 수도 있다. 내용이 풍부하지 못한 글을 통해 필자가 내용지식이 부족하다거나, 내용 생성하기 전략에서 어려움을 겪고 있다거나 하는 정보를 제공받을 수 있다. 마찬가지로 필자가 글을 조직하는 능력이 빈약하다면 그것은 구조화되지 않은 글로 나타나게 되므로, 이를 통해 필자의 쓰기 능력을 파악해 낼 수 있게 된다. 텍스트를 통해 쓰기 능력을 평가한다는 관점이 형식주의 작문이론에서 추구하는 방법과 동일하지만, 이 방법은 텍스트에 드러난 수사적 규칙과 문법적 오류의 여부 등과 같은 형식적 특성만을 중시하지 않는다는 점에서 차이가 있다. 텍스트에 구현된 필자의 의미 구성 능력을 판단하여 쓰기 능력을 파악한다는 데에서 형식주의 작문이론에서 추구하는 쓰기 능력과 근본적으로 차이가 있다고 하겠다(가은아 2010b).

▌쓰기 능력 발달

쓰기 능력 발달과 관련하여 가장 영향력 있는 논의는 Bereiter(1980)에 의해 진행되었다. 그는 인지주의 관점에서 쓰기 능력 발달 단계를 설정하여 필자의 쓰기 능력 발달에 대한 이론적 근거를 마련하였다. Bereiter는 좋은 글에는 문자언어를 산출하는 유창성, 아이디어 생산의 유창성,

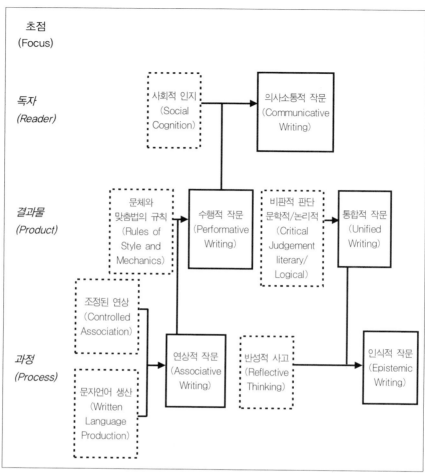

초점
(Focus)

독자
(Reader)

결과물
(Product)

과정
(Process)

사회적 인지
(Social
Cognition)

의사소통적 작문
(Communicative
Writing)

문체와
맞춤법의 규칙
(Rules of
Style and
Mechanics)

수행적 작문
(Performative
Writing)

비판적 판단
문학적/논리적
(Critical
Judgement
literary/
Logical)

통합적 작문
(Unified
Writing)

조정된 연상
(Controlled
Association)

문자언어 생산
(Written
Language
Production)

연상적 작문
(Associative
Writing)

반성적 사고
(Reflective
Thinking)

인식적 작문
(Epistemic
Writing)

[그림 1-1] Bereiter의 쓰기 능력 발달 단계(Bereiter 1980 : 84)

작문 담화에의 숙달, 독자를 고려하는 능력으로 나타나는 사회적 인지,
문학적 이해와 식별, 그리고 반성적 사고가 잘 드러난다고 지적하면서
쓰기 능력을 언급하였다. 그에 따르면 쓰기 능력은 서로 다른 쓰기 기능
들로 구성되어 있고, 하나의 기능이 자동화되어 완전히 습득된 후에 보

다 높은 수준의 기능으로 통합되고 다시 자동화되는 과정을 거치면서 발달한다. 즉, 능숙한 쓰기는 서로 다른 처리 단계에서 많은 기능을 포함하여 나타나며, 적절하고 능숙한 쓰기란 다양한 기능들이 고도로 자동화가 되었을 때, 그리고 이 기능들이 충분히 잘 통합되었을 때 가능한 것이다. 이러한 쓰기 기능의 숙달을 바탕으로 하여 Bereiter는 연상적 쓰기 단계, 수행적 쓰기 단계, 의사소통적 쓰기 단계, 통합적 쓰기 단계, 인식적 쓰기 단계로 쓰기 발달단계를 설정하였다.

연상적 쓰기[associative writing] 단계는 머릿속에 떠오르는 생각을 생각난 순서대로 기록하는 단계이다. 따라서 의미를 중심으로 한 정보 처리가 이루어지지 않고 자료 중심으로 정보 처리가 이루어진다. 대부분의 미숙한 필자들은 이 수준에 머물러 있으며, 이는 Flower(1979)가 대학생들을 대상으로 '필자 중심 산문'에서 발견한 것과 같다. 이 단계의 필자들이 가장 어려워하는 것은 쓸 거리를 찾는 것으로, 필자들은 자신이 가지고 있는 아이디어를 다 써버렸을 때 쓰기를 멈추게 된다. 그렇기 때문에 흥미로운 화제는 이 단계의 필자들이 유창한 아이디어를 생산하도록 도울 수 있다.

수행적 쓰기[performative writing] 단계는 문체적 관습에 대한 지식과 연상적 쓰기의 통합으로 구성된 것으로, 연상적 쓰기 기능을 갖춘 필자들이 맞춤법, 문체, 관습에 익숙해짐으로써 도달하게 되는 단계이다. 대부분의 전통적인 학교에서의 쓰기 교육이 학생들의 연상적 쓰기를 문체, 맞춤법, 관습에 일치하도록 만드는 데에만 치중해 온 경향과도 관련된다. 이 단계의 필자들은 특정 단어에 대한 맞춤법, 특정한 구문에 대한 구두점, 특정한 표현을 사용하거나 피하는 것 등에 의식적으로 주의하지 않고도 여러 쓰기 기능들을 통합하여 자동적으로 쓰기를 수행할 수 있다.

의사소통적 쓰기[communicative writing] 단계는 독자를 고려하여 글을 쓸 수 있는 기능을 갖춘 단계를 말한다. 일반적으로 예상독자를 고려하지 못하고 쓰기의 다른 요구들을 동시에 처리하지 못하게 될 때 자기중심적 쓰기가 발생하게 된다. 이러한 현상은 글을 쓸 때 연상적, 그리고 수행적 요구가 우선권이 있어서 미숙한 필자의 경우 사회 인지적인 것에 대한 고려가 간단하게 무시되기 때문이다. 수행적 쓰기 기능이 숙달되고 이것이 사회 인지와 통합될 때 의사소통적 쓰기로 나타나게 되며 예상독자를 고려하여 쓰기를 해 나갈 때 이 단계에 도달했다고 판단할 수 있다.

통합적 쓰기[unified writing] 단계는 다른 사람의 관점은 물론 독자로서의 필자 자신의 관점까지 고려하여 글을 쓸 수 있는 단계이다. 필자 자신의 평가적 읽기 기능과 쓰기 기능이 통합되면 중요한 피드백 순환이 구축될 수 있어서, 이 단계의 필자들은 자신의 쓰기 기능과 자신이 쓴 글에 대해 비판적으로 평가를 내릴 수 있다. 이를 바탕으로 하여 필자는 개인적인 문체와 관점을 발전시킬 수 있고 더 좋은 글을 쓸 수 있다.

인식적 쓰기[epistemic writing] 단계는 통합적 쓰기에 반성적 사고에 대한 기능 체계가 통합될 때 나타난다. 자신의 지식, 쓰기의 과정 등에 대한 반성적 사고를 활성화하여 글을 씀으로써 자신과 세상에 대한 새로운 인식을 얻게 되는 단계이다. 인식적 쓰기는 쓰기 발달의 정점을 나타내며 이 단계에서는 쓰기가 단순히 사고의 생산물이 아니라 사고의 통합적 부분이 된다.

Bereiter는 모든 사람이 쓰기 능력의 마지막 단계에까지 도달할 수 있는 것은 아니라고 보았다. 어떤 사람은 통합적 쓰기 단계에서 멈출 수도 있고, 다른 사람은 인식적 쓰기 단계까지 이를 수도 있다는 것이다. 쓰기 능력을 기능들의 합으로 본 Bereiter의 쓰기 능력 단계는 실증적인 자료를 바탕으로 설정된 것이 아니라는 한계에도 불구하고, 쓰기 능력 발달의 논의에 이론적 틀을 제공해 준다는 점에서 의의를 발견할 수 있다.

한편, 쓰기 능력 발달을 탐색하기 위해 많은 연구자들은 미숙한 필자와 능숙한 필자 사이에서 쓰기 수행의 차이를 입증하고 이러한 차이를 발생시키는 원인을 찾고자 노력해 왔다. 미숙한 필자와 능숙한 필자 간에 보이는 쓰기 수행의 차이는 나이나 학년에 따라 쓰기 능력이 발달해 나간다는 증거가 될 수 있다. 대표적으로 Hayes & Flower(1980a, 1980b)와 Flower & Hayes(1981)가 능숙한 필자들의 사고구술을 통해 얻은 프로토콜을 분석하여 구안한 인지 모형은 필자의 쓰기 능력 발달에 대한 단서를 보여준다. 그들은 쓰기에 관여하는 주요 요인으로 과제 환경, 쓰기 과정, 그리고 필자의 장기기억을 설정하고, 능숙한 필자들은 이러한 요인들의 밀접한 상호작용이 기반이 된 일련의 과정을 수행하면서 텍스트를 생산해 낸다고 강조하였다.

　이들이 제시한 모형 자체는 능숙한 필자들에 해당하는 것으로, 능숙한 필자의 경우 쓰기에 관여하는 여러 요인들을 역동적으로 활성화하여 일련의 쓰기 과정을 수행한다는 것을 보여준다. 그들은 능숙한 필자와 미숙한 필자가 쓰기 과정에서 보이는 차이를 명확하게 제시하지는 않았지만, 미숙한 필자는 쓰기 과정 중에서 하나 혹은 두 개의 과정이 생략되면서 불충분하게 수행된다고 지적하였다. Hayes & Flower(1980a, 1980b)와 Flower & Hayes(1981)에서 능숙한 필자일수록 쓰기 과정에서 부딪히는 심리적 문제들을 해결하기 위해 적절한 전략을 효과적으로 사용하며, 쓰기 과정이 단선적이 아니라 순환적이고 회귀적이라는 것을 밝혀냄에 따라, 능숙한 필자들이 쓰기 과정에서 사용하는 다양한 전략을 미숙한 필자에게 가르치면 쓰기 능력이 신장될 수 있다는 신념이 널리 받아들여지게 되었다.

　미숙한 필자와 능숙한 필자가 쓰기 과정에서 사용하는 전략의 차이를 구체화하여 쓰기 발달의 관점을 반영한 Bereiter & Scardamalia(1987)의 모형 또한 주목할 만하다. 그들은 미숙한 필자는 화제에 대해 알고 있는 것을 단순히 나열하는 방식으로 쓰기에 접근하는 '지식 서술 모형 [knowledge telling model]'을 주로 사용하고, 능숙한 필자는 지속적으로 문제를 해결하고 지식을 변형시키면서 쓰기에 접근하는 '지식 변형 모형 [knowledge transforming model]'을 사용한다는 것을 제안하였다. 또한, 지식 서술 모형과 지식 변형 모형으로 쓰기를 시작하는 시간, 개요 작성, 사고구술, 수정하기 등에서 차이가 있다는 것을 밝혔다.

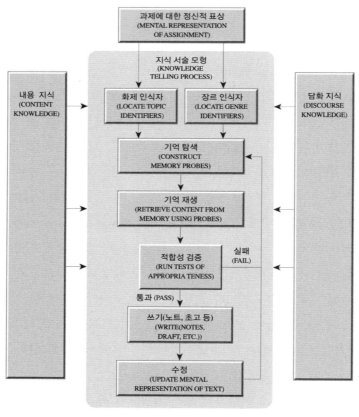

[그림 1-2] 지식 서술 모형(Bereiter & Scardamalia 1987 : 8)

일반적으로 지식 서술은 쓰기 과제에 대한 정보가 기억으로부터 쉽게 검색될 수 있을 때 잘 작동한다. 그렇기 때문에 지식 서술은 미성숙한 필자들이 외부의 도움 없이, 텍스트의 내용을 구성하는 과정에서 직면하게 되는 문제들을 자연스럽고 효율적으로 해결하도록 도움을 준다 (Bereiter & Scardamalia 1987). 지식 변형 모형 또한 과제에 대한 정신적 표상을 발전시키는 것을 시작으로, 필자는 무엇을 말할지, 그것을 어떻게 말하고 누구에게 말할지를 결정하기 위해서 문제를 분석하고 목적을 설정한다. 이러한 과정은 '내용 문제 공간'과 '수사적 문제 공간'에서 이루어지는데, 필자는 그들이 말하고자 하는 것에 대한 지식인 내용 지식뿐만 아니라 그들의 독자와 그것을 말하는 방법에 대한 지식인 담화 지식을 검색하고 변형한다.

지식 서술이 필자가 화제에 대해 아는 것을 단순한 탐색과 검증 과정을 거쳐 나열하는 데 주목하는 반면, 지식 변형은 내용 영역과 수사학적 영역의 한 공간에서 다른 공간으로 이동하는 '문제 변환' 구성 요소를 통한 밀접한 상호작용에 주목한다. 이 두 공간에서 필자의 내용 지식과 담화지식은 영향을 주고받아 지속적으로 변형되면서 최종적으로는 필자가 분석해 낸 문제와 목적 설정에 적합한 텍스트를 생산하는 데 도달하게 된다. 이때 필자의 상위인지가 역동적으로 개입하여, 의미 구성의 과정을 점검, 평가, 조정하게 된다. 이러한 과정을 거쳐 필자의 지식은 새롭게 구성될 뿐만 아니라 발달하게 되며, 텍스트는 더욱 정교하게 산출된다. 이처럼 그들이 구분한 지식 서술 모형과 지식 변형 모형의 가장 큰 차이점은 자신의 쓰기 과정을 지속적으로 점검하고 평가하고 수정하는 과정이 이루어지는가 혹은 그렇지 않은가이다. 글을 쓰는 과정에서 능숙한 필자는 상위인지를 충분히 활용해서 자신의 글을 수정하고 완성해 나가는 반면, 미숙한 필자는 상위인지를 제대로 작동시키지 못해 알고 있는 지식을 단순히 나열하기 때문에 글의 질이 떨어지게 된다는 것이다.

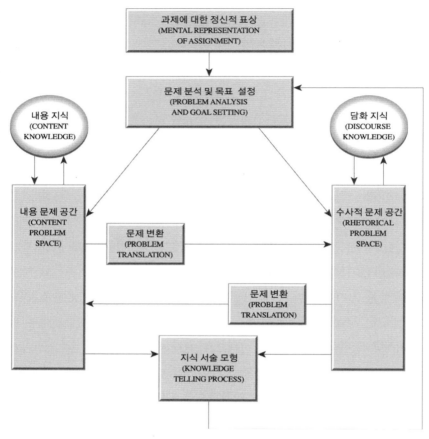

[그림 1-3] 지식 변형 모형(Bereiter & Scardamalia 1987 : 12)

능숙한 필자도 수사학적 상황에 따라서 지식 서술 모형을 사용하는 것을 보면(Graham 2006a), 지식 서술 모형에서 지식 변형 모형으로의 이행이 반드시 필자의 발달을 의미하는 것은 아니다. 다만 Bereiter & Scardamalia(1987)가 제안한 두 모형을 통해 필자의 쓰기 능력 발달의 일반적인 모습을 추적해 볼 수 있으며, 능숙하거나 미숙한 필자의 특성으로 추출된 것을 바탕으로 하여 학생들의 쓰기 능력을 향상시키는 데 도움을 받을 수 있을 것이다. 예를 들어 지식 변형 모형을 통해 능숙한 필자는 쓰기 지식이 풍부하고 상위인지를 활성화하여 텍스트를 생산하는 것을 알 수 있으므로, 이를 쓰기 교육의 내용이나 방법적 요소로 적극 끌어들일 수 있다.

한편, 미숙한 필자와 능숙한 필자의 쓰기 수행은 전체적인 의미 구성의 차원에서뿐만 아니라, 쓰기의 각 과정에서도 발달적 차이를 확인할 수 있다. 쓰기는 계획하기, 작성하기, 수정하기 등의 과정들이 서로 밀접하게 영향을 주고받으면서 회귀적으로 진행되기 때문에, 하위 과정에서의 쓰기 수행이 만족스럽지 못할 경우 전체적인 쓰기 능력 발달을 기대할 수 없다.

계획하기 단계를 살펴보면, 발달 중인 필자들의 계획하기는 나이에 따라 점진적으로 정교화되고(Graham 2006a), 어린 필자들은 나이가 많거나 능숙한 필자들보다 내용 생성을 위한 발견적 전략이나 쓰기 목적, 그리고 텍스트 구조 지식을 사용할 가능성이 적다. 능숙한 필자는 계획하기에 사용하는 시간이 상대적으로 많으며, 추상적이고도 풍부한 개요를 활용하여 쓰기를 계획하고, 글로 표현하기 전에 충분한 검토 과정을 거친다(Bereiter & Scardamalia 1987).

작성하기 단계에서는 나이가 어리거나 미숙한 필자가 단어 선택이나 철자 및 구두점에 관심을 두면서 글의 전체 구조보다는 단편적이고 표면적인 형식에 중점을 두는 반면에, 능숙한 필자는 글의 의미나 전체적인 구조에 관심을 갖고 의미가 충분히 전달되는지에 중점을 두면서 글을 쓴다(Bereiter & Scardamalia 1987). 글의 형식적 측면에 집중하는 것, 즉 맞춤법이나 문법에 맞게 글을 쓰도록 노력하는 것은 연상적 쓰기 단계를 획득한 쓰기 발달 단계에서 나타나는 현상이다(Bereiter 1980). 이 단계에 도달한 능숙한 필자의 경우 맞춤법의 요구에서 자유롭기 때문에 더 높은 수준의 쓰기로 주의를 집중할 수 있다. 따라서 미숙한 필자와 능숙한 필자의 차이는 맞춤법의 요구에서 자유로운가 그렇지 않은가로 판단하기도 한다.

Scardamalia et al.(1982)는 미숙한 필자들이 맞춤법을 맞추려고 애를 쓸 때, 보다 높은 수준의 쓰기 과정을 혼란시키거나 방해한다는 것을 지적한다. 맞춤법에 신경을 쓰느라 필자들은 이미 생각해 둔 의도와 의미를 잊어버리게 되고, 쓰기 속도가 느려짐으로써 내용 생성과 아이디어 기억 또는 이미 작업 기억에 계획되고 저장된 텍스트의 산출에 방해받게 된다. 그들은 맞춤법에 신경 쓰는 미숙한 필자들이 글을 생산하는 동안 혼란스러울 것 같은 복잡한 문장이나 바르게 쓸 수 없는 단어들을 피하기 위해 한정된 어휘와 구문을 사용한다고 강조한다. 이 때문에 전체적으로 학생들의 동기와 쓰기를 지속하려는 의지에도 영향을 미치게 된다고 주장한다.

글을 수정하는 과정에서도 미숙한 필자와 능숙한 필자들의 차이를 발견할 수 있다. Fitzgerald(1987)는 나이가 많은 필자들은 상대적으로 더 자주 수정하며 텍스트 단위로 수정을 하고 의미에 기반하여 수정을 한다고 설명한다. 마찬가지로 나이가 어리거나 미숙한 필자들은 자신의 글에서 수정할 곳을 잘 찾지 못하고, 찾는다고 하더라도 표면적이고 형식적인 것만을 수정하는 반면 능숙한 필자들은 글 전체의 의미적인 수정을 하기 때문에 글의 질을 향상시킬 수 있다(Faigley et al. 1981, Hayes et al. 1985).

이처럼 미숙한 필자와 능숙한 필자는 글을 구성하는 능력뿐만 아니라 쓰기의 각 과정의 수행에서도 많은 차이를 보인다. 하지만 여러 연구들이 미숙한 필자와 능숙한 필자의 쓰기 능력의 차이를 입증해 왔음에도,

구체적으로 필자의 발달 양상이 어떠한 모습을 그려내는지에 대해서는 아직 명확하게 밝혀지지 않았다. 이 때문에 미숙한 필자의 쓰기 능력을 향상시키기 위한 적절한 교육적인 개입도 어려운 실정이다. 이 연구는 필자의 쓰기 능력이 어떤 양상을 보이며 발달해 가는지 탐색하고 확정하는 데에서 의의를 발견할 수 있으리라 판단된다.

(2) 쓰기 태도의 발달

■ 쓰기 태도의 개념

쓰기 태도의 개념을 확인하기 위해서는 보다 일반적인 영역에서 논의된 태도의 개념을 탐색하는 과정으로 접근할 수 있다. 태도에 대해 선구적인 논의를 한 Allport(1954)에 따르면 태도는 "어떤 사람(혹은 물건)에 대하여 특정한 방식으로 생각하고 느끼고 행동하려는 학습된 성향"(Erwin, 고은경 역 2006에서 재인용)이다. 태도에 대한 Allport의 정의를 설명한 Erwin은 '학습된'이란 태도가 사회적으로 구축된 것임을 강조하는 것으로, 태도의 결정 요인은 경험이 된다. 둘째, '성향'이란 태도가 그 대상과 연합되기 이전에 존재하는 것으로 실제로 그 대상에 대한 반응을 편파적으로 만든다는 것을 함축한다. 셋째 Allport 정의의 핵심으로, 태도가 '인지(생각하고), 정서(느끼고) 그리고 행동(행동하려는)'이 종합된 것이라는 생각이다. 태도에 대한 Allport의 정의에서 '특정'한 반응들을 포함한다는 진술은 주목할 만하다. 이는 태도가 대상과 연합된 좀 더 분명하고 구체적인 인지적, 정서적, 행동적 반응들을 포함한다는 것으로, 그러한 반응이 비교적 일관성 있고 지속적임을 말해 준다(가은아 2010a).

Allport가 태도를 인지, 정서 그리고 행동이 결합된 것으로 본 반면

Fishbein & Ajzen(1975)은 태도에서 행동을 분리시키고 그 대신 행동 의도를 설정하였다. 그들이 상정한 주요 개념은 신념, 태도, 행동 의도, 행동인데, 신념이 태도에 영향을 미치고 태도는 의도에 영향을 미치며 의도가 형성이 되어야 비로소 행동으로 나타나게 되는 것으로 모형화하였다. 또한, Ajzen & Fishbein(1980)은 신념을 인간의 태도에 중요한 영향을 미치는 것으로 간주하고 그 유형을 두 가지로 구분하였다. 하나는 특정한 행동의 결과와 평가에 대해 지니는 신념으로, 태도에 결정적인 영향을 미친다고 보았으며, 다른 하나는 특정한 행동에 영향을 미치는 타인의 기대에 대한 신념이며, 이는 태도에 간접적인 영향을 미친다고 생각하였다. 이들의 연구는 태도에 영향을 미치는 요인이 무엇인지 단초를 제공하고 있지만 태도의 형성에 신념만이 영향을 준다고 보고 있어 지나치게 단순한 접근을 취하고 있다.

Liska(1984)는 태도와 행동의 관계를 규명한 Ajzen & Fishbein(1980)의 태도 모형이 태도와 관련된 인간 행동을 적절하게 설명하지 못한다고 비판하면서, 사회 구조가 신념(특정 행동 결과에 대한 신념, 타인의 사회적 기대에 대한 신념)에 영향을 미치고 신념이 태도에 영향을 미치며 태도는 행동을 일으킨다고 주장하였다. 그리고 행해진 행동 역시 태도에 영향을 미친다고 보았다. Ajzen & Fishbein(1980)이 태도에 영향을 미치는 주요 요인을 '결과와 평가에 대한 개인의 신념'만으로 본 반면, Liska(1984)는 여기에 사회 구조가 포함된 '타인의 사회적 기대에 대한 신념'과 '행동(경험)'도 태도에 결정적인 영향을 준다고 제안한 것이다.

태도가 '특정 대상을 어느 정도 좋아한다거나 싫어한다고 평가함으로써 표현되는 심리적 경향'이라고 규정한 Eagly & Chaiken(1993)은 심리적 경향이란 인간의 내면 상태와 관련되고, 평가란 명백한지 은밀한지 또는 인지적인지, 정서적인지, 행동적인지와 같은 모든 종류의 평가적인

▌기능과 전략

기능과 전략 또한 쓰기 수행에 영향을 미치는 것으로 알려져 있다. 기능과 전략은 둘 다 특정한 문제 해결을 위해 동원되는 인지적 특성이라는 속성을 갖는다. 그러나 전략이 필자가 목적을 성취하기 위해 사용하는 노력이 필요하고 의도적인 과정인 반면, 기능은 능률적이며 상대적으로 자동적인 작용이라는 차이가 있다(Graham 2006a).

기능은 탈맥락적인 상황에서 반복적인 연습과 훈련으로 자동화가 가능하다. 기능은 좁은 의미에서는 언어 능력과 같이 종합적인 능력의 한 부분을 이루는 하위 요소이며, 넓은 의미에서는 언어 사용의 고등한 정보 처리 행위 능력이라고 할 수 있다(천경록 1995). Graham(2006a)은 손으로 쓰기[handwriting]나 철자 쓰기[spelling]를 대표적인 쓰기 기능으로 꼽았으며, 작성하기 기능은 손으로 쓰기나 철자 쓰기뿐만 아니라, 필자가 의도하는 의미를 전달하기 위해 단어와 통사 구조로 아이디어를 변환하는 기능, 문장을 구성하는 기능, 적절한 문법과 구두점, 대문자 사용의 기능을 포함한다고 지적하였다. 기능은 쓰기 수행을 원활히 하기 위해 필자가 기본적으로 갖추어야 하는 필수적인 지적 특성이기 때문에, 기능이 숙달되지 못하면 계획하기나 수정하기와 같은 인지적 부담이 큰 다른 쓰기 수행의 과정이 최소화 될 수밖에 없고 쓰기 성취와 발달에도 부정적인 영향을 미치게 된다.

전략은 행위자가 주어진 목적을 달성하기 위해 최적의 대안을 모색하는 방법으로, 목표 달성을 위한 여러 가지 정보와 상황을 종합하여 융통성을 발휘하는 유연성과 통합성, 그리고 예상하지 않았던 새로운 내용이나 절차를 알게 되는 발견성을 그 속성으로 한다(천경록 1995). 전략을 실행하기 위해서는 매우 의도적이고 신중한 계획과 점검이 요구되며

(Pressley & Harris 2006), 어떤 상황이나 과제가 바뀌면 전략도 바뀌어야 하는 것처럼 전략은 유동적이고 의사 결정적인 성격을 지닌다. 또한, 전략은 연습을 통해 자동화됨으로써 기능화 될 수는 있어도 전략 자체가 곧 기능이 된다는 것을 의미하지는 않는다.

쓰기에서 전략은 필자가 지향하는 인지적 목적을 이루기 위해 사용하는 의식적이고 조절 가능한 활동으로, 수사학적 상황이나 쓰기 과제에 따라 사용되는 전략이 달라질 수 있다. 즉, 필자는 쓰기 목적을 달성하기에 가장 적합한 전략을 선택하며 이를 조절해 가면서 글을 써 나가는 것이다. 예를 들어, 필자는 내용을 생성하기 위해 잘 알려진 브레인스토밍 전략을 사용할 수도 있고, 설득적 글을 계획하기 위해 STOP 전략을, 또는 수정하기 위해 SCAN 전략이나 돌려 읽기 전략을 사용할 수도 있다. 필자가 다양한 전략을 알고 있을 뿐 아니라, 특정 전략을 언제, 어디에, 어떻게 사용할 것인지 알고 쓰기 과제에 적절하게 적용할 때 성공적인 쓰기 수행을 기대할 수 있다.

▋ 상위인지

상위인지라는 개념은 Flavell(1971)이 아동의 기억력 결함을 해석하는 과정에서 'metamemory'라는 용어를 쓰면서 처음 도입되었는데(Brown 1987), 그 개념의 모호성으로 많은 학자들 사이에서 논란이 되어 왔다. 상위인지는 '인지 과정과 결과물에 대한 지식과 깊은 이해'(Flavell 1976)나, '개인 간에 공유될 수 있는 인지 상태나 인지 과정에 대한 어떤 지식'(Jacobs & Paris 1987)으로 기술되기도 한다. 인지와 비교해서는 인지가 알고 있거나 지각하고 있는 것이고, 상위인지는 알고 있거나 지각하고 있는 것에 대한 지식(Flavell 1987)으로 논의되기도 한다. 대체적으로 상위인지는 과제를 실행하는 동안 계획, 조정, 점검, 수정하는 능력과 관련되어 있으며, 그 과정이 의식적이고 의도적인 방식으로 일어난다. 따라서 특정 행위에서 그 자체의 전략을 인지라고 한다면, 전략을 점검하는 기능과 주어진 상황에 맞게 적절한 전략을 사용하는 지식에 대한 반성은 상위인지 활동으로 구분할 수 있다(Brown 1987).

상위인지가 학습에서 지속적이고 긍정적 역할을 한다는 것은 많은 연구에서 검증되어 왔다. 상위인지를 활용하여 학습을 해 나가면서 자신의 이해 정도와 학습 방법에 대해 스스로 평가하여 점검하고, 적절한 자기 수정 행동을 하고, 최선의 선택을 함으로써 학습 효과를 높일 수 있다. 따라서 상위인지 능력의 상대적 결함은 학교 학습에 어려움을 초래할 가능성이 있으며, 인지 발달에도 부정적인 영향을 미칠 수 있다(Paris & Winograd, 신종호·최효식 2007에서 재인용).

상위인지는 학생들이 학습자로서 자신, 학습 과제, 그리고 과제에 참여하는 사회적 맥락에 대해서 반성적으로 생각하는 시점에서 확인될 수 있는데(Brown 1987), 쓰기를 수행할 때도 학생들은 쓰기를 수행하는 자신에 대해서, 쓰기 과제에 대해서, 그리고 쓰기 수행에 관련된 사회적 맥락에 대해서 상위인지를 활용한다. Englert et al.(1988)와 Graham et al.(2005), 우리나라에서는 김유미(1995)와 노인석(1997) 등의 연구에서 상위인지 전략이 작문 수행에 긍정적인 영향을 미친다는 것을 확인하였다.

Englert et al.(1988)에서는 학업 부진을 겪는 학생들이 쓰기 수행에서 사용하는 상위인지 지식을 조사하고 상위인지 지식과 수행의 관계를 탐색하였다. 설명문 쓰기 과정과 텍스트 조직의 역할에 대한 상위인지 지식을 학생들에게 인터뷰한 결과 학업 부진을 겪는 학생들은 학업 성취가 높은 집단보다 쓰기 전략, 쓰기 과정 단계, 설명문 아이디어를 제시하는 전략, 그리고 복합적인 자료에서 정보를 선택하고 통합시키는 과정을 덜 인식하는 것으로 나타났다. 또한, 학업 성취도에 따라 쓰기 과정의 통제 및 조정하는 능력, 아이디어들을 생성하거나 범주화하기 위해 조직하기 전략이나 텍스트 구조를 사용하는 능력 그리고 텍스트의 질을 점검하는 능력에서 차이가 있다는 것이 드러났다.

Graham et al.(2005)는 상위인지 하위 요소인 자기 조정 전략 수업의 효과성을 검증하였다. 그들은 자기 조정 전략 발달[SRSD] 수업을 받은 학생들은 그렇지 않은 비교 집단에 있는 학생들보다 이야기 쓰기와 설득적 글쓰기에서 길이가 더 길고 질이 더 좋은 글을 쓴다는 것을 확인하였다. 이 연구에 따르면 SRSD의 효과는 이야기 글에서 시간이 지나도 유지되었고, 학생들의 쓰기 지식을 촉진시켰으며, 특히 동료의 지원이 더해진 SRSD의 효과는 교육받지 않은 정보전달 쓰기에도 일반화되었다.

이처럼 상위인지는 자신의 인지 활동을 점검하고 조정하는 역할을 하기 때문에 상위인지 수준이 높은 필자는 쓰기 목적을 비롯한 수사학적 상황을 정확히 인식하고, 자기 자신의 쓰기 지식과 전략에 대해서도 충분히 인지할 수 있다. 뿐만 아니라 쓰기 목적을 달성하기 위해 자신의 지식이나 전략을 적재적소에 활용할 줄 알며, 글을 써 나가는 과정에서 자신과 자신의 글을 지속적으로 점검하고 조정할 수 있다. 또한 상위인지를 활용하여 수행을 점검하고 평가하는 자기 반성적 활동은 학생들의 동기를 강화시키는 것은 물론 학생들에게 자신의 능력에 대한 정보를 제공하여(Schunk & Zimmerman 1998) 더 나은 텍스트의 생산을 가능하게 하기 때문에 그 중요성이 부각된다.

쓰기 과정에서 상위인지의 강조는 Hayes & Flower(1980a)와 Flower & Hayes(1981)에서도 나타난다. Hayes & Flower(1980a)는 상위인지의 개념을 직접 언급하지는 않았지만, 독자와 필자가 단순히 의미를 '발견'하는 것이 아니라 정신구조라는 관점에서 정보를 조직하고 선택하고 연결함으로써 의미를 구성한다고 지적한 점은 상위인지의 중요성을 강조한 것으로 볼 수 있다. 특히 그들이 쓰기 모형의 구조를 제안하면서 설정한 '조정하기'는 하나의 쓰기 과정에서 다음 쓰기 과정으로 이동할 때를 판단하고, 쓰기의 모든 과정을 점검하고 평가하고 조정하는 상위인지 전략으로서의 기능을 한다. 조정하기를 설정함으로써 쓰기 과정이 일정한 순서나 단계가 고정된 채 진행되는 것이 아니라, 조정하기를 통해 언제든지 앞이나 뒤의 과정으로 옮겨가서 쓰기를 수행할 수 있음을 보여준다. Flower & Hayes(1981)는 필자가 끊임없이, 매 순간, 그들이 계획하기, 기억하기, 쓰기 그리고 다시 읽기를 통합함으로써 많은 인지 과정을 조정한다는 것을 강조하였다.

쓰기 과정에서 미숙한 필자는 지식 서술 모형을 능숙한 필자는 지식 변형 모형을 사용한다고 제안한 Bereiter & Scardamalia(1987)의 모형에서도 상위인지가 중요하게 작용하고 있다. 그들이 구분한 지식 서술 모형과 지식 변형 모형의 가장 큰 차이점은 자신의 쓰기 과정을 지속적으로 점검하고 평가하고 수정하는 과정이 이루어지는지 혹은 그렇지 않은지와 관련된다. 글을 쓰는 과정에서 능숙한 필자는 상위인지를 충분히 활용해서 자신의 글을 수정하고 완성해 나가는 반면, 미숙한 필자는 상위인지를 제대로 작동시키지 못하기 때문에 알고 있는 지식을 단순히 나열하는 데 그치게 되는 것이다.

▎작업 기억

작업 기억 또한 쓰기 수행에 영향을 미치는 요인으로 탐색되어 왔다. 심리학자들은 다양한 수행에서 경험하게 되는 기억력의 한계를 설명하기 위하여, 작업 기억의 개념을 제안했는데(Hayes 2006), 작업 기억은 어떤 과제를 수행하면서 여러 원천으로부터 제공되는 정보에 대해 생각하거나 학습하는 동시에 그 정보를 유지하는 등, 다량의 정보를 통제하고 조절하며 능동적으로 유지하는 인지적 기제나 과정으로 정의된다 (Baddeley 2007).

Baddeley와 그의 동료들이 제안한 초기 작업 기억의 구조는 언어적 정보를 저장하기 위한 음운 고리[phonological loop]와 시각적 정보를 저장하기 위한 시공간 잡기장[visuo-spatial sketchpad], 그리고 다른 기능들 사이에서 이들 두 부분을 제어하는 중앙집행기[central executive]로 이루어져 있다. 여기에 작업 기억의 과정에서 각종 정보를 통합하고 일반적 저장 시스템으로 작용하는 시스템의 필요성이 인식되어 일화적 완충기억 [phonological loop]이 새롭게 추가되었다(이정모 2009).

작업 기억 공간에서 기억이 지속될 수 있는 양과 시간에는 한계가 있는데, 사람에 따라 혹은 동일한 사람이라도 성장에 따라 작업 기억의 용량이 다를 수 있다는 특성이 있다. 이러한 작업 기억의 용량과 처리의 효율성에 따라 과제를 수행하는 능력에서 차이가 발생하게 되는 것이다. 또한, 작업 기억 용량은 학습 성취나 언어 발달과 연합된다고 알려져 있다. Hudson(2009)에 따르면, 12살쯤에 음운론적 기억이 그리고 16살쯤에 복합 기억이 급격하게 증가하며, 작업 기억의 발달은 언어 발달의 많은 부분과 일치한다. 아이들의 작업 기억이 성장함에 따라, 새로운 단어나 형식을 배우고 그것을 더 정교하게 사용하는 것이 나아지게 된다. Swanson & Berninger(1996)는 작업 기억과 쓰기 능력과의 관련성을 확인하였다. 연구 결과는 작업 기억이 쓰기 수행에서 내용 생성을 보다 잘 예측하는 반면에 단기기억은 맞춤법이나 철자와 관련한 전사[transcription]를 보다 잘 예측한다는 것을 보여주었다.

(2) 정의 요인

▌쓰기 동기

쓰기 동기는 쓰기 행위를 시작하게 하고 유지하게 하며, 완수하도록 돕는 심리 요인으로 여겨지며, 쓰기 행위의 시작점에서만 그 역할을 하는 것이 아니라 쓰기를 수행하는 내내 이를 촉진하는 기제로 작용하게 된다. 쓰기 동기가 높은 필자는 쓰기 활동에 적극적이고 능동적으로 참여하고, 쓰기 활동에 몰입하는 빈도도 높다. 따라서 쓰기 동기가 높은 필자는 쓰기 수행을 성공적으로 마칠 가능성이 매우 높다(박영민·가은아 2009).

그런데 학습에서의 일반적인 동기가 일찍부터 주목을 받아왔음에 비해 쓰기에 관여하는 쓰기 동기의 중요성은 제대로 인식되지 못하였다. 동기 연구와 쓰기에 대한 연구 모두 의미 있는 발전을 해왔음에도 쓰기 동기에서의 초기 연구가 부족한 것은 동기 연구자들이 세부 학문과 관련하여 학생들에게 접근하였다기보다는 주로 학생들의 학습에 관한 일반적인 지향성에 중점을 두고 연구했기 때문이다(Boscolo & Hidi 2007). 또한, 인지심리학에 입각한 쓰기 연구자들이 능숙한 필자가 가진 기능이나 전략, 지식, 상위인지 등의 인지적 특성들에 주목하고, 그러한 인지적 특성만으로 쓰기 행위를 충분히 설명해낼 수 있다고 믿었기 때문이다. 박영민·가은아(2009)는 이러한 이유로 동기와 같은 정서 요인이 명확한 구분이 어렵고 측정이 난해하기 때문에 과학적 연구의 대상이 될 수 없다고 생각해 온 서구의 지성사와 맞닿아 있다고 해석하였다.

쓰기 동기에 대한 관심은 지식, 전략, 의미 구성의 과정 등과 함께 필자의 동기를 강조한 Kellogg(1994)에 와서 구체화되었다. 비록 그가 구안한 쓰기 모형에 동기를 구체적으로 상정하지는 않았지만, 그는 동기가 지능, 인지양식, 불안과 더불어 개인을 특성 짓는 주요한 요인이며, 쓰기 수행을 설명할 수 있다고 보았다. 또한, Kellogg(1994)는 쓰기에 소비되는 시간이 쓰기 결과물을 결정하는 데 중요한 요소라고 지적하면서 유능하고 질 높은 필자는 과제를 수행하는 데 더 많은 시간을 투입할 뿐만 아니라 충분히 전념한다는 것을 밝혔다. 필자를 창조적 몰입 상태로 이끌고 능숙한 수행을 가능하도록 하는 요인이 쓰기 동기라는 점을 강조한 것이다.

Hayes(1996) 또한 동기와 정서 요인을 인지적 과정, 작업기억, 장기기억과 더불어 필자를 구성하는 핵심 요인으로 보았다. 그는 필자의 의미 구성 과정을 설명하는 기존 모형을 수정하였는데, 쓰기 과정에서 동기와 정서의 중요한 역할을 강조하여 동기와 정서에 대해 의미 있는 공간을 확보하였다. 이로써 쓰기 동기가 쓰기 수행에 강력한 영향을 미칠 수 있다는 점을 모형으로 가시화한 것이다.

인지주의에 기반을 둔 쓰기 연구자들이 주로 쓰기의 기초가 되는 사고의 과정을 이해하려고 노력하면서 동기를 다룬 데 비해, 사회구성주의 쓰기 연구자들은 사회적 관계 속에서 의미 있는 쓰기 행위로서의 동기를 강조하였다. 사회구성주의 쓰기 연구자들은 전통적으로 강조해 온 학문적 글쓰기의 문제점으로 필자의 고립을 지적하면서 쓰기는 예상독자와의 끊임없는 대화를 통해 의미를 구성해 가는 과정이라는 것을 주장하였다. 그들은 사회적 행위로서의 협력적인 쓰기에 참여함으로써 쓰기 동기가 촉진될 수 있다는 것을 강조한다(Boscolo & Hidi 2007).

사회구성주의 쓰기 연구자들은 쓰기를 인지적 능력이라기보다는 문화적인 활동으로 보았는데, 이러한 접근은 자연스러운 상황에서의 쓰기, 협력적 쓰기와 의사소통의 대화적인 측면으로 쓰기 등 높은 동기적 가능성을 가지고 있다(Hidi & Boscolo 2006). 이들은 학생들에게 다양하고 자유로운 쓰기 경험을 제공함으로써 사회적 실천에 참여하게 하는 것이 필요하고, 자신을 표현하고 발견하는 데 쓰기 동기의 가치 있는 역할을 확장할 필요가 있다는 설득력 있는 주장을 펼쳤다.

쓰기는 필자가 지닌 영감만으로 가능하지 않으며 누군가를 설득하거나 정보를 전달하거나 즐거움을 주는 등의 수사학적 목적이 중요하고 이것이 쓰기 동기를 형성한다고 피력한 Nelson(2007), 유일한 독자이자 평가자로서의 교사의 역할에 의문을 제기하면서 사회적 맥락을 제공하는 '학문 공동체[literate community]'에서 쓰기 흥미 발달을 탐색한 Nolen(2007)의 연구 등은 사회구성주의 쓰기 연구자들이 쓰기 교육에서 중점을 두는 쓰기 동기의 측면을 잘 보여준다.

▌ 쓰기 효능감

쓰기 효능감은 Bandura(1986)의 자기효능감을 보다 구체적인 영역인 쓰기로 전용한 것으로, 쓰기 수행 능력에 대한 필자의 자기 판단이며 쓰기 과제를 성공적으로 수행할 수 있을 것이라는 기대를 의미한다. Bandura(1997)는 자기효능감을 '주어진 목표 달성에 필요한 행동 과정들을 조직하고, 실행하는 능력에 대한 신념'으로 정의하면서 사람들의 행동을 유발하는 작인[agency] 중에서 가장 핵심적이고 영향력 있는 것으로 자기효능감을 강조하였다. 그에 따르면 자기효능감은 네 가지 원천으로부터 정보를 해석함으로써 형성되는데 이전의 성공 경험, 다른 사람들의 과업 수행을 관찰을 통한 대리 경험, 다른 사람들로부터 받는 사회적 설득, 그리고 불안, 스트레스, 흥분 등과 같은 육체적, 감정적 상태가 그것이다. 이 중에서도 성공 경험이 자기효능감을 형성하는 데 결정적인 역할을 한다고 보았다.

자기효능감이 학문적 동기나 학습, 그리고 성취에 영향을 미치고

(Pajares 1996, Pajares & Valiante 1997, Schunk 1995) 특정 과제를 선택하고 노력하며 수행을 지속하는 데에도 영향을 미치는 것처럼(Bandura 1997, Schunk 1995), 특정 영역으로서의 쓰기 효능감은 쓰기 성취, 쓰기 불안, 쓰기 수행에서의 정보 처리 수준에 긍정적인 기여를 한다(Pajares 1996). 또한, Hidi & Boscolo(2006)에서 밝혔듯이 능숙한 필자와 미숙한 필자의 자기효능감 수준은 차이가 있다. 그들은 전략적인 필자들, 즉 쓰기의 어려움에 유능하게 대처할 수 있는 필자들은 긍정적인 자기효능감을 가지며 자신들의 수행에 만족하고 기꺼이 새로운 과제에 참여하려고 하지만, 이와는 대조적으로 미숙한 필자들은 쓰기와 관련하여 낮은 자기효능감을 가지며, 불안감이나 두려움을 느낀다고 지적한다.

쓰기 효능감에 경험적인 연구를 수행한 Schunk & Swartz(1993)은 4, 5학년 학생들을 대상으로 쓰기 효능감과 쓰기 기능의 관계를 조사하여, 쓰기 효능감이 쓰기 기능과 전략의 사용을 높게 예측한다는 것을 발견하였다. 연구 결과는 쓰기 효능감이 높은 학생들은 자신의 가능성을 의심하는 학생들보다 쓰기를 더 선택하고, 더 많은 노력을 들이고 쓰기 과제를 더 지속적으로 한다는 것을 보여 주었다.

학생들의 학문적 성과는 이전의 성과, 지식이나 기술보다는 효능감에 의해서 더 잘 예측될 수 있듯이(Bandura 1986), 이것은 쓰기 효능감에서도 그대로 적용될 수 있다. 학문적 성과 외에도 쓰기 효능감이 높은 학생은 특정한 쓰기 과제를 수행하는 자신의 능력을 믿기 때문에 실패를 두려워하지 않고 적극적으로 쓰기 과제에 참여하며, 그 결과 쓰기를 수행하는 과정 및 결과에서 보다 긍정적인 내적, 외적 보상을 경험하게 되어 쓰기에 대한 긍정적 정서를 형성하거나 강화할 수 있게 된다(가은아 2010a).

쓰기 수행에 영향을 미치는 쓰기 효능감의 중요성이 인정되어 왔지만 쓰기 효능감이 나이에 따라 어떻게 발달하는지에 대해서는 아직 확언하기 어렵다.

Pajares et al.(2007)는 4학년에서 11학년 1,266명의 학생을 대상으로 하여 쓰기 효능감의 수준이 어떻게 변화하는지, 학교 급별 쓰기 효능감의 변화가 쓰기에서 주요 능력과 동기 지수에 의해 달라지는지를 분석하였다. 연구 결과 쓰기 효능감은 학생들이 초등학교에서 중학교로 진급해 감에 따라 감소했고, 고등학교를 다니는 동안에는 동일 수준에 머물러 있는 것으로 나타났다. Pajares(2003)는 문헌 검토를 통해 일부 연구에서는 나이에 따라 쓰기 효능감의 감소를 밝히고 있고, 반대로 다른 연구에서는 쓰기 효능감의 증가를 밝히고 있음을 지적하였다. Klassen(2002) 또한 쓰기 효능감 관련 논문들을 분석한 결과 학년 수준이나 학생들의 발달적 변화에 따라 쓰기 효능감의 차이가 명확하게 일관되지 않는 것으로 결론지었다.

▌쓰기 흥미

흥미는 심리적 몰입 상태 또는 시간이 지나면서 특정한 대상, 사건, 아이디어에 다시 참여하려는 경향과 관련되며(Hidi & Renniger 2006), 사람과 그들을 둘러싼 환경의 상호작용으로 발생하는 심리적인 상태이자 증가된 관심, 주의집중, 정서에 의해 특징지어지는 동기적인 변인이다(Hidi & Boscolo 2006). 흥미는 높은 수준의 집중과 노력, 그리고 지속적으로 참여하고자 하는 경향의 인지적 속성뿐 아니라 성취감과 기쁨, 즐거움 등의 긍정적 정서와 관련된 정서적 속성을 포함하기 때문에 학생들이 흥미로운 활동에 참여할 때, 그렇지 않은 활동에 참여할 때보다 성공 가능성이 더 크게 된다.

일반적으로 흥미는 상황 흥미와 개인 흥미로 구분되는데, 속성상 많은 부분이 겹쳐 있고, 개인 흥미의 발달에 상황 흥미가 연결되어 있다고 여겨진다. 상황 흥미가 특정한 상황에서 주의 집중에 초점을 맞춘 일시적이고 다소 갑작스러운 흥미라면, 개인 흥미는 비교적 안정적이고 지속적이고 더디게 발달한다. Hidi & Renniger(2006)는 기존의 상황 흥미와 개인 흥미를 다룬 연구들을 분석하면서 흥미 발달의 네 단계를 제안하였다. 첫 번째 단계는 특정 내용으로부터 흥미가 생기는 상황 흥미 유발 단계이고, 유발된 상황 흥미가 지속될 경우 두 번째 단계인 상황 흥미 유지 단계에 이른다. 이 두 단계의 상황 흥미가 서서히 발전하여 개인 흥미 발생 단계에 이르게 되고, 마지막 단계인 개인 흥미 발달 단계에서의 개인은 자기조절 능력과 배경 지식의 확장, 그리고 내용에 대한 가치를 강화하게 된다. 그들은 흥미가 발달할 수 있다는 것과 그 발달이 고립적으로 이루어지지 않음을 이해하는 것이 중요하다고 강조한다.

쓰기 흥미는 쓰기 효능감과 더불어 비교적 일찍부터 쓰기 연구자들에 의해 탐색되었다. 특정 과목에 대한 높은 개인적 흥미를 가진 학생들이 높은 학업 성취와 높은 수준의 즐거움을 갖는 것처럼, 연구자들은 쓰기에 대한 흥미가 쓰기 수행을 예측할 수 있다고 기대했다. 쓰기에서의 흥미를 다룬 연구들은 텍스트 질에 영향을 미치는 쓰기 동기를 유발하는 요인으로서 화제 매력을 다루거나, 화제에 대해 흥미가 있다고 해서 그 화제에 대해 글을 쓰는 것에 흥미가 있다는 것을 의미하는 것은 아니라고 지적하면서, 의미 있는 학급 활동과 관련하여 특정 장르에서 실현되는 쓰기의 다양한 형식이나 기능들로부터 오는 흥미를 탐색하기도 하였다(Boscolo et al. 2007).

화제 흥미와 쓰기 수행의 관계를 밝힌 연구로는 Albin et al.(1996)를 주목할 만하다. 이들은 대학생을 대상으로 축구와 야구에 대한 개인적인 흥미가 서사적인 쓰기와 어떻게 관련되는지를 탐색한 결과 쓰기 흥

쓰기를 자신의 생각을 쓰기 수행에 적극적으로 통합하여 비판적으로 텍스트를 구성하는 것으로 보는 관점으로 필자의 역동적 역할을 강조한다. 전달적 쓰기 신념을 가진 교사는 전달적 쓰기 신념이 반영된 글이 좋은 글이라고 생각하기 때문에 학생들에게도 전달적 쓰기 신념을 기르도록 할 것이며, 교류적 쓰기 신념을 가진 교사는 교류적 신념을 반영하여 쓰기 교육을 실현해 나가게 된다(가은아 2008).

이와 다르지 않게, 쓰기가 필자 개인의 머릿속에서 이루어지는 의미 구성 과정이고 문제 해결 과정이라고 믿는 인지주의 작문이론을 따르는 교사와 쓰기가 사회 구성원들의 긴밀한 상호작용과 대화의 결과라고 믿는 사회구성주의 작문이론을 따르는 교사가 지닌 쓰기에 대한 관점 역시 쓰기 교육의 내용, 교수 방법, 그리고 평가 등에서 차이를 불러온다. 이러한 차이는 크든 적든 간에 학생들의 쓰기 수행에 영향을 미치는 요인으로 작용하게 되는 것이다.

이 외에도 내용 지식과 담화 지식을 포함한 쓰기 전반에 대한 교사의 지식, 쓰기 수업에 대한 전문성, 학생들과의 친밀도 등 다양한 교사 요인이 학생들의 쓰기 수행에 영향을 미칠 수 있다.

▌교수·학습 방법

교수·학습 방법은 교사에 의해 선택, 재구성되어 학생들에게 투입될 수 있기 때문에 교사 요인과 밀접한 관련이 있다. 그러나 동일한 교사라 하더라도 다양한 교수·학습 방법을 쓰기 수업에 적용할 수 있고, 교수·학습 방법의 차이에 의해 학생들의 쓰기 수행이 영향을 받을 수 있기 때문에 이에 대한 독립적인 검토가 필요하다.

쓰기와 관련하여 대표적인 교수·학습 방법으로 전략교수법은 학생들의 인지 과정을 실행하는 데 도움이 될 수 있는 쓰기 전략들을 직접적이고 명시적으로 지도하는 방법으로, 쓰기 수행을 향상시키는 데 매우 효과적이다(Graham 2006b). 쓰기 교수에 관련한 연구들을 메타 분석한 Perin(2007)도 학생들에게 계획하기, 수정하기, 편집하기 등의 전략을 직접 가르칠 것을 권고하면서 전략교수법이 다른 교수법에 비해 평균적인 효과 크기가 가장 높다는 것을 제시하고 있다.

이러한 전략교수법은 특히 과정 중심으로 쓰기를 접근할 때, 각각의 인지 과정에서 요구되는 문제들을 해결해야 할 때 유용하다. 예를 들면, 계획하기 단계에서 내용을 생성하기 위해 브레인스토밍이나 PLANS 전략5) 등을 사용할 수 있다. 전략교수법은 교사의 시범과 학생들의 내면화 과정이 포함된 현시적 교수 모형이나 자기조절을 통해 쓰기 발달을 이끌 수 있는 SRSD 모형 등을 활용하여 쓰기 학습에 적용될 수 있다.

쓰기 성취를 위해 소집단 협력학습의 방법을 활용할 수 있다. 소집단 협력 학습은 협의를 통해 내용을 생성하거나 초고에 대해 피드백을 주고받는 등 필요한 과정에서 부분적으로 적용할 수도 있고, 쓰기의 전 과정에 적용할 수도 있다. 이러한 과정에서 구성원들이 한 편의 공통된 텍스트를 산출하기도 하고, 각자의 텍스트를 산출하기도 한다. 능숙한 필자의 도움으로 미숙한 필자의 쓰기 능력이 향상되었음을 보고한 Yarrow & Topping(2001)이나 동료평가 활동 양상에 대한 기술을 통해 쓰기 수행에서 소집단 협력 학습의 기여를 검토한 이재기(1997) 등에서 소집단 협력 학습의 효과를 발견할 수 있다.

특히 소집단 협력 학습에서 동료의 피드백은 학생들의 쓰기 능력뿐만 아니라 쓰기 태도의 형성에도 영향을 미칠 수 있다. 학생들은 동료평가

---

5) PLANS란 Harris와 Graham 등에 의해 구체화된 것으로 쓰기의 계획하기 단계에서 목표를 설정하기 위한 전략이다. '목표를 선택하라(Pick goals), 목표를 달성하기 위한 방법을 작성하라(List ways to meet goals), 기록하라(And make Notes), 기록한 내용을 차례로 배열하라(Sequence)'의 단계를 포함한다.

를 통해 글을 쓴다는 것의 의미를 알게 되고, 독자의 의미를 분명하게 인식할 수 있는 기회를 얻게 되고 다양한 언어적 기능을 체험하고 학습하며, 동기, 자부심, 지도력, 태도와 관련해서도 긍정적인 효과를 얻게 된다(이재기 1997).

소집단 협력 학습은 글을 쓰기 위한 충분한 시간이 제공되고, 동료와의 건설적인 공유를 강조하는 쓰기 워크숍 등을 통해 구체화될 수 있다. 쓰기는 수행성이 강조되는 활동으로 이를 염두에 둔 교수 학습·방법이 활용되어야 할 것이다. 아무리 많은 지식과 기능과 전략을 배웠다고 하더라도 체험을 통해서 체화되지 않는다면, 바람직한 교육적 효과를 기대할 수 없기 때문이다. 교사들은 쓰기에 대한 이론적인 기반을 인식하고 교육과정과 학생들의 욕구에 근거하여 다양한 교수·학습 방법을 융통성 있게 적용해야 할 것이다(Perin 2007).

제 3 장

쓰기 발달 연구의 실행

1. 연구 대상과 검사 도구

(1) 연구 대상

우리나라 학생들의 쓰기 발달 양상과 특성을 탐색하고 분석하기 위하여 전국 4개 지역 초·중·고등학교에서 학생들을 표집하여 대상자를 선정하였다. 최초 이 연구에 참여한 학생은 초등학교 3학년부터 고등학교 3학년까지 총 1,133명이었으나 불성실한 응답을 보인 검사지를 삭제한 후 쓰기 능력과 쓰기 태도 검사 도구 모두에 성실한 반응을 보인 1,102명의 학생을 연구대상으로 확정하였다. 구체적인 연구 대상의 분포 및 규모는 <표 3-1>과 같다.

〈표 3-1〉 연구 대상의 분포 및 규모

학년\\사례수	초3	초4	초5	초6	중1	중2	중3	고1	고2	고3	계
남	46	57	59	53	52	56	53	49	61	67	553
여	47	50	54	56	74	63	57	52	47	49	549
계	93	107	113	109	126	119	110	101	108	116	1102

연구 목적을 고려할 때 연구 대상의 대표성을 확보해야 할 필요가 있다. 이를 위하여 전국적인 표집을 통해 연구 대상을 선정하였으며, 연구 대상의 학교가 특정 지역에 치우치지 않도록 하였다. 또한, 초·중·고등학교 모두 국가 수준의 교육과정을 따르는 공립이나 사립학교로 선정하였으며, 특히 고등학교의 경우 특수 목적 고등학교를 제외한 일반계 고등학교를 선정하였다. 지역에 따른 학생수의 비율을 고려하여 서울, 대전의 대도시 2곳, 중소도시 1곳(전북 전주), 농촌 지역(경남 합천) 1곳으로 하였으며, 연구 대상의 학년별, 성별, 그리고 지역별 비율을 적정한 수준으로 유지하였다.

이 연구의 목적이 쓰기 발달을 탐색하는 것이기 때문에, 초등학교 1학년과 2학년도 연구 대상에 포함시킬 것인지 고려하였으나 최종적으로는 연구대상에서 제외하였다. McCutchen(2006)을 비롯한 여러 학자들에 따르면 머릿속에서 구성한 의미를 문자언어로 전사해 내기 위한 전제 조건인 손으로 쓰기에서 자동화가 이루어지는 시기는 3, 4학년에 이르러서이다. 실제로 초등학교 1, 2학년 학생들은 의미가 완결된 한 편의 글을 쓰는 데 어려움이 있다고 판단하였다.

(2) 검사 도구

학생들의 쓰기 능력과 쓰기 태도의 발달적 특성을 각각 측정할 수 있는 검사 도구를 사용하였다. 쓰기 능력 및 쓰기 태도의 측정을 위해서 선행 연구를 참고로 하여 검사 도구를 직접 제작하였으며, 모든 학년에 걸쳐 동일한 검사 도구를 사용하였다. 쓰기 능력 검사는 초등학교 3학년부터 고등학교 3학년의 남녀 학생들이 동일한 과제를 해결해야 하기 때문에 과제를 구안할 때 특정한 학년이나 지역, 그리고 한 쪽 성에 유리

〈표 3-5〉 쓰기 태도 검사 도구 신뢰도 분석

문항	문항-전체 상관	제거 시 내적 합치도	문항	문항-전체 상관	제거 시 내적 합치도	문항	문항-전체 상관	제거 시 내적 합치도
1	.750	.938	13	.701	.938	25	.806	.937
2	.126	.944	14	.511	.940	26	.388	.942
3	.587	.940	15	.566	.940	27	.514	.940
4	.535	.940	16	.610	.939	28	.190	.943
5	.421	.941	17	.656	.939	29	.433	.941
6	.678	.939	18	.569	.940	30	.507	.940
7	.625	.939	19	.553	.940	31	.690	.939
8	.506	.940	20	.570	.940	32	.649	.939
9	.566	.940	21	.638	.939	33	.576	.940
10	.421	.941	22	.631	.939	34	.533	.940
11	.503	.940	23	.600	.939	35	.346	.941
12	.592	.940	24	.677	.939			

분석 결과 해당 문항과 전체 문항 간의 상관계수가 .4에 못 미치는 문항이 발견되었는데, 2번이 .126, 26번이 .388, 28번이 .190, 35번이 .346의 낮은 상관을 보였다. 또한, 제거 시 전체 문항의 내적 합치도가 .942보다 상승하는 문항이 발견되었으며, 2번과 28번이 해당되었다. 이들 문항은 전체 문항과의 상관도가 낮으므로 제외하고 요인분석을 하는 것이 바람직하다. 이렇게 해서 양호도가 미흡하다고 판정된 2, 26, 28, 30, 35번 문항을 제외하고 쓰기 태도 검사 도구에서 요인분석에 투입될 최종 문항은 35문항에서 30문항으로 조정되었다.[13]

---

13) 삭제된 문항은 다음과 같다. 2. 나는 글을 쓰는 것보다 수학 문제를 푸는 것이 좋다. 26. 나는 내 친구들에게 편지(쪽지나 전자 우편 등, 문자메시지 제외)를 즐겨 쓴다. 28. 나는 글을 쓰는 것보다는 읽는 것이 좋다. 30. 나는 학교에서 쉬는 시간에 주로 글을 쓴다. 35. 시간이 있을 때, 나는 TV를 보는 것보다 글을 쓰는 것이 좋다.

문 항	요인			
	1	2	3	4
23	.744	.115	.111	.268
21	.715	.221	.230	.156
15	.656	.318	.074	.126
10	.649	.049	.061	.117
24	.624	.225	.277	.270
20	.622	.286	.212	.083
7	.527	.382	.243	.169
16	.164	.756	.194	.193
17	.209	.751	.186	.233
6	.238	.672	.228	.278
4	.203	.581	.026	.334
18	.380	.471	.310	.057
19	.357	.421	.354	.061
12	.291	.418	.322	.243
11	.102	.207	.736	.083
29	.055	.022	.684	.242
22	.300	.319	.641	.113
31	.156	.110	.616	.255
33	.266	.239	.541	.356
3	.302	.409	.503	.054
32	.305	.150	.253	.723
34	.105	.304	.068	.719
8	.086	.131	.193	.681
25	.414	.294	.294	.624
13	.301	.241	.366	.561

요인분석 결과 25개의 문항이 4개의 요인에 할당되었다. 1요인은 7개의 문항으로 구성되었으며 전체 설명 변량의 16.635%를 차지하였다. 이 요인은 쓰기에 대한 '효능감'으로 확정할 수 있는데, 자신이 글을 잘 쓴

다고 생각하는지, 자신의 글이 평가되는 것을 두려워하지 않는지, 자신이 쓴 글을 마음에 들어 하는지 등과 관련한 내용을 담고 있다. 이 결과는 쓰기 효능감이 학생들의 쓰기 태도를 구성하는 매우 중요한 요인이라는 것을 잘 보여준다. 인문계 고등학생들을 대상으로 쓰기 동기 구성 요인을 밝힌 박영민(2007)에서도 쓰기 동기 구성 요인의 1요인으로 쓰기 효능감이 분석된 것처럼, 쓰기 효능감은 학생들의 쓰기에 대한 정의적인 측면을 형성하는 주요 요인이며 쓰기 수행에 적지 않은 영향을 미칠 수 있다.

2요인도 7개의 문항이 할당되었으며, 전체 설명 변량 56.787% 중에서 14.406%를 차지하였다. 이들 문항은 자신의 생각 또는 자신에게 일어났던 일을 표현하거나, 자신의 글을 다른 사람과 공유하려는 것과 관련된다. 자신을 표현하고 다른 사람과 교류하기 위한 매체로 글쓰기를 선택하고 즐기는 내용을 담고 있다. 따라서 이 요인은 쓰기를 통한 '자기표현 및 공유'라고 명명할 수 있다.

3요인으로 묶인 문항은 모두 6문항으로 전체 설명 변량 중에서 13.503%를 설명하고 있다. 이들 문항은 학습을 위해, 좋은 직업을 얻기 위해, 혹은 자신을 성찰하는 데 글쓰기가 필요하며 중요하다는 생각을 담고 있다. 이를 쓰기의 '중요성 인식'이라고 할 수 있다. 이러한 인식이 쓰기 태도를 구성하는 요인으로 작용하므로, 학생들의 긍정적인 쓰기 태도를 형성, 유지하기 위해서는 쓰기의 가치와 중요성을 바르게 인식시키는 교육이 적극적으로 이루어질 필요가 있다.

요인 4에 할당된 문항은 모두 5개인데, 이들 문항은 모두 쓰기에 대한 선호와 관련된 내용을 포함하고 있어 쓰기에 대한 '선호'로 명명할 수 있다. 글을 쓰는 시간이 기다려지는지, 글쓰기를 좋아하는지, 쓰기와 관련한 직업을 얻고 싶은지 등과 관련된 문항들로 구성되어 있다. 이 요

도구의 예비 검사 문항 38개에서 3개의 문항을 삭제하고 최종적으로 35개의 문항을 확정하였다.

(2) 본 검사

쓰기 능력 검사 도구는 쓰기 과제를 명시하여 밑줄이 그어진 16절 용지에 인쇄하였다. 이때 초등학생용은 줄 간격을 넓게 하여 쓰기 수행에 불편함이 없게 하였다. 쓰기 태도 검사 도구는 16절 용지에 인쇄하였다. 한 학급에 배부할 검사용 봉투에 쓰기 능력 검사 도구, 쓰기 태도 검사 도구, 검사 절차 및 방법 안내문 1부, 그리고 학생용 펜 40개를 넣어 준비하였다.

경남 합천 지역과 서울 지역은 우편 발송을 하고 대전과 전주 지역은 직접 방문을 통해 검사 도구를 각 학교에 전달하였다. 검사를 수행하는 교사들에게 전자 우편을 사용하거나 직접 만나 검사의 유의사항 및 진행 절차와 방법 등을 자세하게 설명하였다. 특히, 각 학교의 사정에 따라 적절한 시기에 검사를 실시하되, 검사의 순서는 쓰기 태도 검사, 쓰기 능력 검사 순서를 지켜줄 것을 당부하였다. 쓰기 태도의 경우 평상시의 쓰기 태도를 측정해야 하는데 쓰기 능력 검사 직후에 이루어질 경우 쓰기 수행에 따른 영향을 배제하기 어렵기 때문이다. 또한, 두 가지 검사가 하루 동안 이루어지도록 희망하였고 여의치 않을 때는 각 검사의 실시 간격이 최대 2일을 넘지 않도록 부탁하였다. 자료는 우편을 통해 회수되었다.

(3) 평가 절차

수합된 자료를 대상으로 학생 한 명당 쓰기 능력과 쓰기 태도 두 개의 검사지가 모두 포함되었는지의 여부를 확인하였다. 쓰기 능력 및 쓰기 태도의 발달 양상을 파악하고 이들의 관계를 분석하려면 학생과 두 가지의 자료가 일치해야 하기 때문이다. 확인된 자료를 대상으로 무선 표집을 통해 한 학급에서 남녀 각 15건을 선정하였다. 다만 경남 합천의 고등학교와 대전의 초등학교의 일부 학급에서 한 학급의 인원이 표집 인원에 미치지 못하는 사례가 있어 이 경우 수합된 자료 모두를 연구 대상에 포함시켰다.

쓰기 태도 검사지의 반응은 엑셀 프로그램을 사용하여 입력하였으며, 쓰기 능력 검사지의 학생 글은 원문 그대로 워드프로세서로 전환하여 작성하였다. 학생 글을 워드프로세서로 다시 작성한 까닭은 평가 중에 글씨체에서 오는 후광효과를 줄이고자 함이었다. 학생의 필체 등에서 오는 답안지 특성이나 학생들의 학년이나 성별 정보가 평가에 영향을 미칠 수 있으므로, 학년이나 성별 정보를 제거한 후 일련번호를 부여하였다. 따라서 학생 글에는 내용으로 유추할 수 있는 개별적인 단서를 제외하고는 학생에 대한 어떠한 정보도 포함되지 않았다.

학생들의 글을 평가하는 데 교육 경력 5년 이상의 국어교사 18명이 참여하였다. 평가의 공정성을 보다 높이기 위해 초등학교, 중학교, 고등학교에 근무하는 교사를 모두 평가자에 포함시켰다. 평가자는 초등학교 교사 3명, 중학교 교사 8명, 그리고 고등학교 교사 7명으로 구성하였다.

평가 기준 숙지, 평가 관점 일치, 평가 예시문 선정 등을 골자로 하는 평가자 협의회를 실시하였다.[18] 평가자 협의회를 위한 자료에는 평가자

---

18) Shapley & Bush(1999)는 채점자간 신뢰도를 높이기 위해서는 과제가 구체화되고 표준화

<표 3-7> 평가자 간 신뢰도

	A	B	C	D	E	F
상대적 G계수	.88381	.87804	.81700	.84530	.77981	.87016
절대적 G계수	.82036	.82656	.77881	.80065	.63019	.82807

<표 3-7>에 따르면 각 평가단에서 상대적 G계수는 .77981에서 .88381을 보였으며, 절대적 G계수는 .63019에서 .82807을 보였다. E집단이 상대적으로 낮은 수치를 보였으나, 일반화가능도 분석에서 상대적 G계수가 .7 이상, 절대적 G계수가 .6 이상이면 상당한 수준의 타당성을 확보한 것으로 판단할 수 있기 때문에(황정규 1998), 모든 집단에서 평가자 간 신뢰도는 만족할 만한 수준이라고 할 수 있다.[21]

(5) 분석 도구

본 검사에서 수합된 자료는 PASW Statistics 18.0을 사용하여 분석하였다. 구체적으로는 쓰기 태도 검사 도구를 확정하기 위하여 상관분석, 신뢰도 분석, 요인분석을 실시하였으며, 쓰기 능력과 쓰기 태도 발달의 경향을 파악하기 위하여 일원배치 분산분석을 사용하였다. 사후 검정을

---

21) Cronbach α를 통해서도 평가자 간 신뢰도를 확인해 보았다. 평가자 간 신뢰도는 Cronbach α 계수로 .818에서 .935을 보였으며, 급내 상관계수는 .599에서 .827로 나타났다. 이러한 수치는 신뢰로운 수준으로 이 연구에서 평가자 간 신뢰도를 충분히 확보했다고 볼 수 있다. 다만, Cronbach α를 통하여 신뢰도 계수를 추정하는 과정에서 A, B, D, E, F 평가단에서는 특정 평가자를 제거할 경우 전체 신뢰도가 오히려 낮아지는 것으로 나타났으나, C 평가자단은 전체 신뢰도 계수가 Cronbach α로 .860이고, 평가자 3을 제거했을 때 .878로 상승하는 것을 확인할 수 있었다. 평가자 3을 제외한 평균 점수를 쓰기 능력 점수로 사용할 것인지 아니면 그대로 세 명의 평가자의 평균 점수를 사용할 것인지 판단해야 했다. 여기에서는 일반화 가능도를 통한 평가자 간 신뢰도가 타당한 수준이고, 평가자 3을 포함한 C 평가자단의 전체 신뢰도 계수인 Cronbach α .860도 충분히 수용할 수 있는 신뢰도 수치로 판단하여서 세 명의 평가자 평균 점수를 사용하기로 결정하였다.

위해서는 Duncan을 사용하였다. 또한, 쓰기 능력과 쓰기 태도의 성별 차이를 확인하기 위해서 독립표본 t검증을 사용하였으며, 쓰기 능력과 쓰기 태도의 관계를 파악하기 위해 상관분석을 사용하였다. 그리고 쓰기 태도에 따른 쓰기 능력의 차이를 확인하기 위해서 쓰기 태도 수준에 따라 상, 중, 하의 세 집단으로 분류하고 일원배치 분산분석을 사용하여 분석하였다.

학년	표본 크기	평균	표준편차
초5	113	24.0767	5.45927
초6	109	23.5076	6.41077
중1	126	28.1005	6.16114
중2	119	26.8431	4.92807
중3	110	28.6909	5.43813
고1	101	29.0033	5.68692
고2	108	31.5802	5.97492
고3	116	30.9052	6.18988
전체	1102	26.5299	6.77429

<표 4-1>에 따르면, 쓰기 능력의 점수는 9개의 평가항목에서 각각 5점 척도를 기준으로 하여 45점 만점으로 계산할 수 있다. 가장 낮은 점수를 보이는 학년은 초등학교 3학년으로 20.5054점을, 점수가 가장 높은 학년은 고등학교 2학년으로 31.5802점을 획득한 것으로 나타났다. 이들의 점수 차이는 11.0748점이다. 이를 백점 만점의 점수로 환산하면 초등학교 3학년의 점수는 45.568점이고, 고등학교 2학년의 점수는 70.178점으로 그 차이는 24.61점이다. 기술통계를 통해 확인한 결과에 따르면, 쓰기 능력의 평균 점수는 전체적으로 학년에 따라 상승하고 있으나, 초등학교 6학년, 중학교 2학년, 고등학교 3학년에서는 이전 학년보다 다소 낮은 점수를 보였다.

이러한 기술통계의 자료를 바탕으로 하여 학년별 쓰기 능력의 차이를 보다 정밀하게 분석하는 것이 필요하다. 특정 학년에서 이전 학년보다 통계적으로 유의한 차이를 보이면서 평균 점수가 상승한다면, 그 지점을 발달의 지점으로 판단할 수 있다. 학년별 쓰기 능력의 차이를 확인하기 위해 일원배치 분산분석을 사용하였고 그 결과는 <표 4-2>에 제시하였다.

<표 4-2> 학년별 쓰기 능력 차이

	제곱합	자유도	평균제곱	F	유의확률
집단-간	14943.170	9	1660.352	50.954	.000
집단-내	35582.897	1092	32.585		
합계	50526.067	1101			

일원배치 분산분석의 결과, 학년에 따른 쓰기 능력의 평균 점수의 차이는 F값이 50.954, 유의확률 .000을 보이며 통계적으로 유의한 것으로 드러났다. 이 결과는 전체 10학년 중 특정 학년 사이에서 쓰기 능력의 점수 차이가 존재한다는 정보를 제공해 주는 것이다. 따라서 구체적으로 어떤 학년과 어떤 학년 간에 쓰기 능력의 차이가 존재하는지, 사후검정을 통해 확인할 필요가 있다. 사후검정은 Duncan의 방법을 사용하여 실시하였으며, 쓰기 능력 점수를 기준으로 삼아 통계적으로 유의한 차이가 없는 학년을 동일 집단으로 묶었다. 분석 결과는 <표 4-3>과 같다.

<표 4-3> 쓰기 능력 동일 집단

집단 학년	A	B	C	D	E
초3	20.5054				
초4	20.8411				
초6		23.5076			
초5		24.0767			
중2			26.8431		
중1			28.1005	28.1005	
중3				28.6909	
고1				29.0033	
고3					31.5802
고2					30.9052
유의확률	.664	.461	.103	.273	.382

사후검정 결과, 초등학교 3학년부터 고등학교 3학년까지 10개 학년은 5개의 집단으로 분류된 것을 확인할 수 있다. 초등학교 3학년과 4학년이 동일한 집단으로, 초등학교 5학년과 6학년이 동일한 집단으로 묶였으며, 중학교 1학년과 2학년이 하나의 집단으로, 중학교 1학년과 3학년, 고등학교 1학년이 또 다른 하나의 집단으로 확인되었다. 그리고 고등학교 2학년과 3학년이 동일한 집단으로 파악되었다. 그 중에서 중학교 1학년은 중학교 2학년과 동일 집단으로 묶이면서 동시에 중학교 3학년, 고등학교 1학년과도 한 집단을 형성하는 것으로 나타났다. 또한, 중학교 1학년에서 쓰기 발달이 급격히 일어난 후 중학교 2학년에서는 발달이 정체되고 있다는 것을 확인할 수 있다. 이를 학년별로 다시 배열하면 <표 4-4>와 같다.

<표 4-4> 쓰기 능력 발달 양상

학년	초3	초4	초5	초6	중1	중2	중3	고1	고2	고3
전체 총점	20.5054	20.8411	24.0767	23.5076	28.1005	26.8431	28.6909	29.0033	31.5802	30.9052
동일 집단	A	A	B	B	C D	C	D	D	E	E

　일반적으로 발달의 양상은 두 가지로 나타날 수 있다. 하나는 특정 시기에 이전 시기보다 큰 성장을 보이면서 두 시기가 서로 다른 집단으로 분류되는 경우이다. 여기에서는 특정 학년의 쓰기 능력 점수가 앞선 학년에 비해 통계적으로 유의한 차이를 보이며 높게 나타나는 경우이다. 다른 하나는 점진적으로 발달이 이루어지는 것으로, 꾸준한 성장을 보이기는 하지만 연속적으로 하나 이상의 집단에 걸쳐서 분류되는 경우이다. 예를 들어 중학교 3학년과 고등학교 2학년이 다른 집단으로 드러나더라도 고등학교 1학년이 중학교 3학년이나 고등학교 2학년과 집단을

공유하고 있다면 중학교 3학년에서 고등학교 2학년까지에는 급격한 발달이 이루어졌다고 보기 어렵다. 이 경우 점진적인 발달이라고 할 수 있다. 따라서 우리나라 초등학교 3학년에서 고등학교 3학년까지의 학생들의 전체 쓰기 능력은 초등학교 5학년, 중학교 1학년, 그리고 고등학교 2학년에서 발달이 두드러지게 이루어지고 있음을 확인할 수 있다.

앞선 기술통계에서 이전 학년보다 낮은 점수를 보였던 초등학교 6학년, 중학교 2학년, 고등학교 3학년은 모두 이전 학년과 통계적으로 유의한 점수 차이를 보이지 않는 것으로 드러났다. 따라서 이들 학년에서는 쓰기 발달이 정체되고 있다고 할 수 있다. 전체적인 쓰기 능력의 발달 양상을 보다 명확하게 파악하기 위해 [그림 4-1]을 제시하였다.

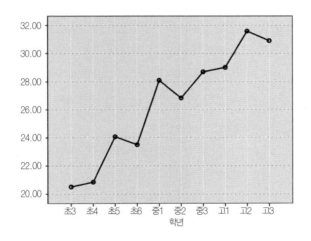

[그림 4-1] 쓰기 능력 발달 양상

[그림 4-1]에서도 보이듯이 초등학교 5학년, 중학교 1학년, 고등학교 2학년에서 앞선 학년에 비해 쓰기 능력이 급격하게 발달하고 있다는 것을 알 수 있다. 따라서 이를 바탕으로 초등학교 3, 4학년/ 초등학교 5, 6

학년/ 중학교 1, 2, 3, 고등학교 1학년/ 고등학교 2, 3학년으로 쓰기 능력 발달 단계를 나누는 것이 가능하다.

이러한 발달 양상은 다양하고 복잡한 여러 가지 변인들이 독립적 혹은 상호 교섭적으로 작용하여 영향을 미친 결과로 볼 수 있다. 따라서 한두 개의 특정 변인이 쓰기 발달을 주도하거나 좌우했다고 단정하는 것은 곤란하다. 다만 쓰기 발달과 관련하여 학생들의 인지 발달 측면, 학생들의 쓰기 교육 경험을 제공해 주는 교육정책 및 교육과정, 교사의 교수·학습 실현 과정 등을 주목할 필요가 있다.

Piaget의 인지 발달 이론에 따르면, 추상적이고 논리적 사고가 가능해지는 형식적 조작기가 4, 5학년 즈음에 시작되며, Cooper & Kiger(2008)가 제시한 문식성 발달 단계를 통해서도 4, 5학년 이후에 읽기와 쓰기가 매우 유창한 수준에 접어들게 된다. 이렇게 볼 때 인지 발달의 중요한 시기를 5학년 전후로 파악할 수 있고, 이 시기에 쓰기 발달도 주목할 만한 성장을 보이는 것으로 추정할 수 있다. 학생들의 서사 발달을 연구한 한선희(2001)에서 초등학교 5학년과 중학교 1학년에서 발달 지점을 발견한 것도 동일한 선상에서 이해된다.

인지발달과 더불어 교육과정이 학생들의 쓰기 발달에 상당 부분 영향을 미쳤을 가능성도 있다. 중학교 1학년은 새로운 교육과정이 도입된 학년이다.[22] 새로운 교육과정에서는 기존에 강조했던 쓰기 간접 지식 위주의 단편적이고 단절적인 쓰기 경험을 지양하는 특징이 있다. 대신 학생들의 삶과 관련하여 총체적이고 다양한 텍스트를 생산할 수 있는 쓰기 경험을 강조함에 따라, 쓰기 능력의 향상에 적극적으로 기여했으리

---

22) 본 검사를 시행한 시기가 5월 중순이었는데, 연구 대상 중학교 네 곳 중 세 곳의 1학년 학생들이 본 검사 시행 전에 설명문 쓰기 단원을 학습한 것으로 확인되었다. 따라서 중학교 1학년들은 새로운 교육과정의 영향을 받았다고 할 수 있다.

라 여겨진다. 새로운 교육과정이 적용된 학년은 아니지만 고등학교 2학년이 쓰기 발달 지점으로 확인된 것도 주목할 필요가 있다. 고등학교 2학년은 쓰기와 관련한 기본 공통 과정을 모두 이수한 학년으로 쓰기 능력의 발현을 충분히 기대할 수 있다. 인지발달과 함께 학생들의 쓰기 교육 경험의 질을 좌우할 수 있는 국가 수준의 교육과정이 쓰기 발달에 중추적인 몫을 담당하고 있다고 할 것이다.

(2) 쓰기 능력의 발달 단계

쓰기 능력의 발달 지점을 중심으로 하여, 쓰기 발달의 구체적인 모습이 어떻게 드러나는지 텍스트 분석을 통해 그 특성들을 탐색해 볼 수 있다. 보편적으로 발견되는 쓰기 특성을 추출하여 초등학교 3, 4학년을 나열적 쓰기 단계, 초등학교 5, 6학년을 소통적 쓰기 단계, 중학교 1, 2, 3학년, 고등학교 1학년을 확장적 쓰기 단계, 그리고 고등학교 2, 3학년을 통합적 쓰기 단계로 설정할 수 있다.

▌ 나열적 쓰기 단계 : 초등학교 3, 4학년

3, 4학년 학생들의 글에서 가장 눈에 띄는 특징은 화제와 관련한 정보가 두서없이 나열되면서, 동시에 하나의 문장 단위로 문단을 나누어 쓰고 있다는 점을 들 수 있다. 따라서 이 단계는 '나열적 쓰기' 단계로 이름을 붙일 수 있다. 이는 Bereiter(1980)가 가장 초보적인 발달 단계로 설정한 '연상적 쓰기 단계'와 그 특성을 공유한다.

내용적인 측면에서는 화제 위주의 나열적 쓰기가 두드러졌는데, 이는 3, 4학년 학생들의 경우 화제에 대해 알고 있는 것을 생각나는 대로 그대로 써 내려가다가 쓸거리가 떨어지면 쓰기를 완료하기 때문으로 보인다.

그러다보니 글의 내용에서 일관성이 떨어지거나 주제에서 벗어나는 예, 그리고 앞뒤의 진술이 상충되는 예가 많이 발견되었다. '햄버거는 패스트 푸드인데 살이 많이찌고 몸에 좋지 않아 많이 않 먹는 것이 좋다. …… 그러니까 놀림 받기 싫으면 햄버거와 패스트푸드 음식을 않 먹는게 좋아 그리고 않 먹는게 좋다고 아예 않 먹으면 않되 너무 않 먹으면 힘도 않 세고 몸이 삐짝말라 죽을 수도 있으니까 패스트푸드 음식도 먹어줘야 된다'와 같이 햄버거가 패스트푸드라 몸에 안 좋기 때문에 먹지 말아야 한다고 했다가 다시 패스트푸드를 먹어야 한다고 진술하고 있어 일관성 있는 내용을 이루지 못하고 있다. 이와 같은 현상은 이 단계의 학생들이 글을 쓰는 목적을 뚜렷하게 인식하지 못하고, 글을 쓰면서 자신이 가지고 있는 기존 지식을 변형하거나 새롭게 구성하는 과정을 거치지 않았기 때문으로 보인다.

또한, 자신이 쓴 글에 대해서 수정하기를 거의 하지 않기 때문으로도 볼 수 있다. 독자를 고려하여 표현하는 데 상대적으로 능숙한 반면, 의미 구성 측면에서는 여전히 필자 중심의 의미 구성이 이루어지고 있기 때문에 독자의 이해를 돕기 위한 노력을 찾아보기 어려웠다. 새로운 내용이 나오더라도 별다른 추가 설명이 없었고, 독자의 편에서 정보의 가치를 발견할 수 없는 내용이 매우 많았다. 화제의 선택에서도 3, 4학년의 경우 쓰기 과제에서 예로 제시하여 준 '김밥'과 '축구'가 대부분이었다. 이 단계의 학생들은 글의 목적과 독자를 고려하여 주체적으로 쓰기 과제를 해석해내는 과정을 거치지 못하기 때문으로 여겨진다.

조직적인 측면에서 문단 인식이 거의 보이지 않았다. 문단 인식이 부족하다는 증거로는 문장이 끝날 때마다 문단을 나누어서 나열하여 쓰거나, 글을 시작해서 마칠 때까지 계속 이어 쓰는 것을 들 수 있다. 이와 관련하여서는 초등학교 3학년에서 고등학교 3학년까지 전체 학년에 걸쳐서 공통적으로 이러한 경향이 두드러졌지만, 특히 3, 4학년 학생들은 다른 학년에 비해 한 문장이 끝날 때마다 문단을 나누어서 쓰는 경향이 많았다. 내용 나열에 치중하다 보니 의사소통을 고려하여 글의 구조를 논리적으로 조직하려는 데에 신경을 쏠 여력이 없기 때문으로 보인다. 이것은 독자의 이해를 돕기 위해 예를 든다거나, 다양한 내용전개 방법을 사용하려는 노력을 거의 기울이지 않았다는 것과도 상통한다.

글의 전체 구조와 관련해서 처음, 가운데, 끝이 안정적으로 갖추어지고 유기적으로 짜인 글을 거의 찾을 수 없었으며, 대부분의 글에서 가운데 부분만이 보일 뿐 처음과 끝부분이 나타나지 않았다. 처음 부분과 끝부분은 '저는 이제부터 배드민턴에 대해서 알려드리겠습니다. …… 지금까지 아버지가 제에게 알려주신 모든 것이었습니다.'에서와 같이 한 문장으로 이루어진 것이 많았으며, 처음 부분보다는 끝부분이 나타나지 않는 경우가 더욱 빈번했다. 또 다른 특징으로는 많은 글이 메모나 쪽지 형식으로 구성되어 있었는데, 예를 들면 '1. 우선 유부초밥 재료를 삽니다. 2. 밥을 적당히 주걱으로 2번 풉니다.', '첫째, 공을 준비한다. 다음, 사람들을 모은다, 그다음 선을 근다.' 등 문장과 문장을 유기적으로 연결하여 완결된 글의 형태로 조직하지 못하고, 번호를 매겨가면서 짧고 단순하게 나열하는 모습이 두드러졌다.

표현적 측면에서는 독자를 분명하게 인식하고 있지 못하여 서술어와 지시어가 한 편의 글 속에서 일치하지 않은 경우가 많았다. '김밥은 김과 밥 채소 햄 맛살등이 필요하다. …… 그러면 완성 다 하고는 깨끗이 치우지 않으면 벌레 개미 등 나타나니 깨끗이 치워 주세요'와 '먼저 육상을 달릴때 몸풀기를 해야된다. …… 주의사항은 장난을 치지 않고 끝날때까지 기다려야 합니다.'와 같은 예이다.

또 다른 특징으로 3, 4학년 학생들의 글에는 자신의 생각을 명료하게 글로 표현하는 데 미숙한 모습을 보였다. 태권도 하는 방법을 설명하고 있는 3학년 학생의 글에서는 '그리고 열중셔 하면 이렇게 해야한다./ 그리고 차렷하면 이렇게 한다/ 그리고 준비하면 이렇게 해야한다.'에 보이는 것처럼 태권도를 어떻게 해야 하는지 알고는 있지만 '이렇게 해야한다'라고만 쓰고 있을 뿐 태권도의 방법을 구체적으로 기술하지 못하고 있다. 자신의 생각을 문자언어로 변환하여 나타내는 데 미숙하다는 것을 잘 보여준다. 한편, 짧은 문장임에도 비문이 자주 쓰이던 3학년과는 달리 4학년에서는 비문이 크게 줄어들었고 단어의 수준도 높아졌다. 4학년에서 적절한 단어와 바른 문장을 사용하는 능력이 발달하는 것을 발견할 수 있다.

▌소통적 쓰기 단계 : 초등학교 5, 6학년

초등학교 5, 6학년의 텍스트는 양적인 면에서 눈에 띄는 증가를 보였다. 가장 두드러진 특징으로는 전 단계에 비해 독자에 대한 인식이 뚜렷해짐에 따라, 글의 내용과 표현의 측면에서 독자를 적극적으로 고려하게 되었다는 점이다. 따라서 쓰기의 과정에서 독자와의 적극적인 소통이 나타나는 이 단계를 '소통적 쓰기' 단계라고 할 수 있다.

내용적 측면에서 볼 때 글의 분량이 길어지면서 내용도 보다 풍부해졌으며 독자의 이해를 돕기 위해 구체적이고 자세한 설명을 포함하였다. 이전 단계에서는 화제에 대한 지식이 빈약하고 설명 대상과 관련하여 떠오르는 것을 단순하게 나열하는 데 그쳤기 때문에 내용이 풍부하지 못했다. 그러나 이 단계에서는 독자를 고려하여 설명 내용을 자세하게 기술하면서 의미 전달에 중점을 둠으로써 이전 단계와는 달리 풍부한 내용을 확보하게 된 것이다. 또한, 독자의 편에서 가치 있고 유용하다고 여길 수 있는 정보를 제공하는 글이 눈에 띄게 증가하였다. 하지만 내용이 풍부해졌음에도 여전히 주제에서 벗어나는 불필요한 내용들을 두서 없이 적고 있는 글도 많았다.

또한 내용의 양적인 증가에 비해 텍스트의 전체적인 구성이 매우 산만한 것들이 많았다. 내용 생성 능력은 향상되었으나 이를 체계화시키고 통합하는 능력은 여전히 미흡한 것으로 평가할 수 있다. 문단 인식은 보이지만 문단을 구분하여 드러낸 글이 드물었으며 처음과 끝부분의 처리가 여전히 미숙했다. 앞선 단계에 비해서는 다양한 내용 전개 방법을 사용하고 있으나 정확하게 사용된 예가 드물었다. '운동 경기 중 우리가 많이하는 피구가 있다. 특히 우리가 하는 운동중 공으로 하는 게임이 제일 많다. 공으로 하는 운동은 축구, 피구, 농구, 야구, 테니스, 족구, 배구 등이 있고 기구를 사용하지 않는 운동 경기는 달리기, 수영 등이 있고 채를 사용하는 운동 경기는 배드민턴, 테니스 등이 있다. 그리고 기구를 이용하는 운동은 스케이트, 등이 있다.'에서 보이는 것처럼 분류의 방법을 시도하고 있으나 그 기준이 정확하게 맞지 않는다든지, 분류를 해 놓고 그에 따른 구체적인 설명을 이어나가지 못하는 예가 그것이다.

표현적인 측면에서는 독자에 대한 인식이 매우 명확해졌다는 것을 알 수 있다. 그 예로 지시어나, 서술어미가 비교적 일관되게 사용되고 있어 독자를 고려하여 문체나 어조를 적절하게 나타내는 데 별 어려움이 없음을 보여주었다. 하지만 자신의 생각을 문자언어로 명확하게 표현해내는 데는 아직까지 어려움을 겪는 것처럼 보였다. 글을 쓰는 과정에서 표현하기 어려운 부분을 그림으로 그려서 해결하려는 시도가 이 단계에서 많이 발견되었다. 앞선 단계에서는 글로 표현하기 어려운 경우 얼버무려서 넘어간 것과는 달리 그림으로 그려서 설명하고자 한 것은 독자의 이해를 돕기 위한 시도로 여겨진다. 하지만 이러한 글 중 대부분은 설명 대상을 글로 충분히 설명하고 보조적 수단으로 그림을 사용한 것이 아니라 그림만을 그린 후 별다른 설명 없이 끝내버리는 예가 많았다.

■ 확장적 쓰기 단계 : 중학교 1, 2, 3학년, 고등학교 1학년

이 단계는 쓰기 능력을 구성하는 하위 요소 중 내용과 관련하여 두드러진 발달을 보였다. 특히 앞선 단계에 비해, 책이나 게임, 취미생활, 애완동물 등으로 화제의 선택이 보다 다양해지고 초점이 명확해졌다는 특징이 있다. 또한, 앞선 단계에서 빈번하게 나타난 '김밥'에 대한 화제를 쓰더라도 단순하게 김밥 만드는 순서만을 나열하는 것이 아니라, 김밥의 종류와 김밥의 장점, 김밥을 만들 때 유의할 점을 포괄적으로 다루는 등 의미 구성의 폭이 확대되었다. 따라서 이 시기를 '확장적 쓰기' 단계로 명명할 수 있다. 확장이라는 것은 화제가 다양해지고 내용이 풍부해지는 확장과 더불어 전달하고자 하는 정보의 정확성과 가치성과 관련한 확장을 포함한다. 이 시기에 '확장적 쓰기'가 가능해진 것은 학생들의 관심사와 배경지식이 확대된 것과 관련되며, 독자가 요구하는 가치 있는 정보가 무엇인지와 관련하여 독자에 대한 인식이 보다 분명해진 것과도 관련된다고 본다.

조직의 측면에서는 대부분의 글에서 처음, 중간, 끝으로 구성되는 전체 구조를 인식하고 있었으며, 의미에 따른 문단으로 정확하게 나눈 것은 아니지만, 문단을 구성하고 있는 글이 상당히 늘었다. 그러나 처음 부분과 끝 부분이 빈약한 것은 이전 단계와 비슷한 모습을 보였다. 처음 부분이 아예 없거나 '저는 제가 가장 좋아하는 운동 야구에 대해서 설명하겠습니다.' 식의 무엇을 설명할 것인지에 대해 간단하게 언급할 뿐 글을 쓰는 목적을 밝히거나 독자의 흥미를 유도하는 글은 좀처럼 발견하기 어려웠다.

표현적 측면에서는 자신의 생각을 문자언어로 명료하게 드러내는 능력이 높아졌다고 할 수 있다. 이전 단계에서 문자로 자세하게 기술하는 대신 그림을 사용했는데, 이 단계에서는 수식어를 사용하거나 묘사를 통해 설명 대상을 명료하게 나타내었다. 또한, 개인적인 의견이나 감정을 표현하는 등의 주관적인 진술보다는 객관적인 진술에 치중하였다. 한 예로 이전 단계에서는 '나'라는 용어가 텍스트의 곳곳에 드러나면서 '나'의 감정이나 생각을 노출시킨 반면, 이 단계에서는 '나'가 나오더라도 처음 부분에만 '지금 제가 설명하는 것은 대한검도입니다.'처럼 쓰이고 본격적인 설명이 시작되는 중간 부분에서는 '나'를 개입시키지 않는 것을 들 수 있다. 이는 설명문이 독자에게 객관적인 정보를 전달하고자 하는 글이라는 설명문의 텍스트적 특성을 이해하고 있다는 것을 보여준다.

■ 통합적 쓰기 단계 : 고등학교 2, 3학년

고등학교 2, 3학년의 글은 질적으로 상당한 수준의 발전을 보였다. 이 단계를 '통합적 쓰기'로 설정할 수 있는데, 이 단계에서 발견되는 가장 큰 특징은 조직적인 측면에서 유기적이고 체계적인 글이 많아졌다는 점이다. 이는 학생들이 내용과 조직, 그리고 표현적인 부분을 총체적으로 통합하면서 자신의 글을 점검하고 수정할 수 있는 능력을 갖추었기 때문인 것으로 볼 수 있다.

내용적인 면에서는 악기나 사진, 커피, 쿠키, 미식축구 등 이전 단계에서는 좀처럼 다루지 않았던 다양한 화제가 선택되면서 화제의 수준과 폭이 매우 확대되었다. 또한, 전달하는 정보의 가치성과 정확성의 면에서도 발달이 두드러졌다. 햄스터를 키우는 방법을 단순하게 설명하던 것과는 달리 '한가지 주의할 점은 햄스터를 잡을 때 눈 앞에서 손을 뻗어 잡아야 한다는 것이다. 위에서 집어올릴 경우 자연 상태 최대 적인 새로 인식하고, 뒤에서 잡는 경우에는 살쾡이 종류로 인식하기 때문이다.'에서처럼 독자가 필요로 하는 유용한 정보가 무엇인지 파악하고 이를 제공하고 있다. 이러한 현상은 고등학교 2, 3학년 학생들의 경우 화제 지식이 보다 풍부해지고 독자의 편에서 가치 있는 정보를 판단할 수 있는 능력이 뛰어나게 되었음을 의미한다.

조직적인 측면에서는 전체 구조가 매우 안정적인 글이 많이 발견되었다. 처음, 중간, 끝에 대한 인식이 뚜렷이 보였는데 끝부분의 진술은 여전히 미흡했지만 글을 시작하는 처음 부분은 나아졌다. 예를 들면 '초코칩이 들어간 달달한 초코칩 쿠키, 깨나 아몬드가 들어간 건강에도 좋고 고소한 견과류 쿠키, 입안에서 사르르 녹는 슈크림. 쿠키의 종류는 정말 다양하다. ……이번에 집에서 초보들이 만들 수 있는 쿠키에 대해 소개하려고 한다.'에서처럼 독자의 흥미를 끌거나 글을 쓰는 동기를 밝히는 처음 부분을 강화함으로써 전체적인 구조가 긴밀하게 연결되는 데에 기여하고 있다.

표현적인 측면에서는 설명문이 개인적인 생각이나 정서를 전달하는 글이 아니라는 인식이 보편화되었음을 알 수 있다. 즉, 고등학교 2, 3학년 학생들은 개인적인 생각이나 감정적인 표현을 자제하고 대신 객관적인 근거와 명료한 표현을 사용하였다. 이 단계의 학생들은 설명문이 소통되기 위해 필요로 하는 담화 지식을 지니고 있고, 이를 자신의 글에 적절하게 활용하는 능력을 보였다. 또한, 세련된 표현이나 수준 높은 단어를 많이 사용하게 된 것도 특징이라고 할 수 있다.

(3) 쓰기 능력 하위 구성 요인의 발달 양상과 특성

쓰기 능력의 하위 구성 요인으로 상정한 내용, 조직, 표현 능력의 발달 양상을 탐색하였다. 내용, 조직, 표현 능력을 측정하기 위해 각각 3개의 하위 평가 기준을 사용하였다. 내용 영역에서는 설명 대상이 분명하고 주제가 명확한지, 내용이 풍부하고 통일성이 있는지, 정보가 정확하고 가치 있는지를 평가하였다. 조직 영역에서는, 전체 구조가 유기적이며 완결되어 있는지, 문단이 적절하게 구성되어 있고 연결이 자연스러운지, 내용 전개가 자연스러우며 전개 방법이 효과적인지를 평가하였으며, 표현 영역에서는 표현이 명료하며 객관적으로 진술되어 있는지, 독자를 고려한 표현을 사용하고 있으며 표현이 일치되어 있는지, 단어 선택이 적절하고 바른 문장을 사용하고 있는지를 평가하였다.

먼저 기술통계를 통해 쓰기 능력 하위 구성 요인인 내용, 조직, 표현 영역에 대한 평균과 표준편차를 확인하였으며, 기술통계 결과는 <표 4-5>에 제시하였다.

〈표 4-5〉 쓰기 능력 하위 구성 요인의 기술 통계

학년	표본 크기	내용		조직		표현	
		평균	표준편차	평균	표준편차	평균	표준편차
초3	93	7.1254	2.15348	5.7240	1.80085	7.6559	2.29232
초4	107	7.2960	1.95565	5.5545	1.59923	7.9907	1.97493
초5	113	8.2596	2.17340	6.6018	1.94868	9.2153	2.08544
초6	109	8.0245	2.57069	6.7217	2.27824	8.7615	2.17264
중1	126	9.6614	2.22470	8.4180	2.48549	10.0212	2.12027
중2	119	9.2885	1.95328	7.8151	1.95847	9.7395	1.81807
중3	110	9.9879	2.02931	8.5364	2.26667	10.1667	1.94876
고1	101	9.8944	2.15403	8.4752	2.37784	10.6337	1.90526
고2	108	10.7840	2.23133	9.6420	2.54092	11.1543	1.80252
고3	116	10.5891	2.19369	9.3621	2.59750	10.9540	2.03301
전체	1102	9.1334	2.48813	7.7299	2.59243	9.6667	2.29603

한 편의 글을 완성하기 위해서 글의 목적이나 필자의 의도에 맞게 다양한 내용 전개 방법을 사용할 수 있어야 함에도 불구하고 학생들은 한두 개의 내용 전개 방법만을 떠올리며 글의 전체 구조를 완결시키고, 문단을 적절히 구성하고 배열해야 하는 문제가 발생한다. 이러한 분절적인 내용 항목의 설정은 내용 영역이나 표현 영역보다 조직 영역에서 더욱 두드러지는데 이로 인해 학생들은 한 편의 글을 쓰면서 글의 전체적인 구조를 고려하고 문단을 조직하는 능력을 기르는 데 어려움을 겪게 되리라고 추정할 수 있다. 단편적인 기능 습득의 차원에서 벗어나, 학생들이 다양한 유형의 글을 쓰는 과정 속에서, 내용 전개 방법을 효과적으로 선택하고 활용할 수 있도록 보다 총체적인 쓰기 경험을 제공해야 할 것이다.

▌ 내용 영역

내용 영역은 설명 대상을 분명하게 설정하고 주제를 명확하게 드러내는지, 내용이 풍부하고 통일성이 있는지, 그리고 정확하고 가치 있는 정보를 제공하는지를 측정하였다.

내용1은 '설명 대상이 분명하고 주제가 명확하게 드러나는가?'를 측정하였다. 이 연구에서의 쓰기 과제가 자신이 잘 아는 물건, 음식, 운동경기 중에서 선택하여 설명문을 쓸 것을 제시하였기 때문에, 학생들은 이들 중에서 설명 대상을 골라야 하며, 선정한 대상에 대해 설명하고자 하는 것이 무엇인지 주제를 명확하게 드러내어야 한다. 예를 들어 축구를 하는 방법을 설명 대상으로 정했다면 '축구를 하는 방법은 이러이러

관성 있게 내용을 조직하여 글을 쓴다. 9학년 : 표현의 효과를 고려하여 내용의 조직 방식을 조절하며 글을 쓴다. 10학년 : 내용 조직의 일반 원리에 따라 효과적으로 내용을 조직하여 글을 쓴다.

하다'라고 주제가 문장으로 구현되어 있고, 주제를 드러내기에 적절한 내용이 전개되었다면 좋은 글이라고 할 수 있다.

〈표 4-6〉 내용1(설명 대상과 주제의 명확성)의 발달 양상

학년	초3	초4	초5	초6	중1	중2	중3	고1	고2	고3
평균	2.7133	2.6386	2.9528	2.9266	3.3942	3.2857	3.4030	3.4257	3.6944	3.6121
동일 집단	A	A	B	B	<u>C D</u>	C	C D	C D	<u>E</u>	D E

내용1(설명 대상과 주제의 명확성)의 전체 평균은 3.2163이었다. 사후검정 분석결과, 초등학교 4학년이 2.6386으로 가장 낮은 점수를 얻었고, 고등학교 2학년이 3.6944점으로 가장 높은 점수를 획득하였다. 가장 점수가 낮은 4학년의 평균 점수는 다른 내용 영역에서 가장 낮은 점수를 획득한 학년의 평균 점수(내용2(내용의 풍부성 및 통일성)는 2.1829, 내용3(정보의 정확성 및 가치성)은 2.2043)보다 상대적으로 높은 것으로 나타났다. 내용1(설명 대상과 주제의 명확성)은 모든 학년에 걸쳐서 다른 항목보다 점수가 높은 것으로 확인되었다. 이는 학생들이 설명 대상을 분명히 설정하고 주제를 명확하게 드러내는 능력이 비교적 능숙하게 발달한다는 것을 말해 준다.

사후검정 결과 내용1(설명 대상과 주제의 명확성)은 5개의 집단으로 분류되었다. 초등학교 3, 4학년이 동일한 집단으로, 5, 6학년이 동일한 집단으로 묶였으며, 중학교 1, 2, 3학년과 고등학교 1학년이 앞의 집단과 다른 집단으로 묶였다. 중학교 1학년은 중학교 3학년, 고등학교 1, 3학년과 함께 같은 집단으로 분류되었으며, 고등학교 2학년과 3학년이 함께 분류되었다. 내용1(설명 대상과 주제의 명확성)에서는 중학교 1학년, 3학년, 고등학교 1학년, 3학년이 두 개의 집단에 걸쳐 있는 것으로 확인되었다.

내용1(설명 대상과 주제의 명확성)은 5개의 동일 집단으로 묶였으나, 쓰기 능력의 발달 지점은 세 곳으로 파악되었다. 초등학교 5학년, 중학교 1학년, 그리고 고등학교 2학년에서 급격한 쓰기 발달 양상을 보이고 있다.

내용1(설명 대상과 주제의 명확성)에 대한 구체적인 특성은 학생의 글을 통해 살펴볼 수 있다. 대부분의 학생들은 자신이 설명하고자 하는 대상을 구체적으로 설정하는 데 어려움을 겪지 않았으며, 초등학교 저학년 학생들도 설명 대상을 분명하게 설정하는 능력을 갖추고 있는 것을 발견할 수 있었다. 하지만 상당수의 글은 설명하고자 하는 대상을 나타냈다 하더라도, 독자에게 구체적으로 무엇을 설명할 것인지를 명확하게 설정하지 않아 주제가 명료하게 드러나지 못하고 있다. 다음은 그러한 글의 예이다.

KE4105M[24]

축구를 설명하겠다.

축구는 많이 다치기도 한다. 축구는 코너킥이랑 핸들 또 승부차기 패널 특킬 등이 있다. 축구를 할 때 준비물은 축구화 축구양말 축구복 등이 있다. 전반 45분 후반도 45분이다. 축구는 재미도 있고 힘들기도 하다. 손을 공에 안 대이는 놀이이다. 축구를 많이 하면 다리근육이 세진다. 또 살이 많이 있으면 살이 빠진다. 또 복끈이 생긴다. 축구경기를 하기전에 운동을 한다. 축구대표들은 아무나라에 다간다.축구경기를 할때 가슴이 아프다. 축구에서 이기면 기분이 좋아진다. 축구공이 빵빵하다가 축구를 하는 선수들이 차면 공바람이 빠진다. 축구선수들이 세개 차면 공바람이 빠진다. 축구선수들이 세개 차면 아주 멀리 간다. 대한민국에서 제일 잘하는 사람은 박지성이다. 박지성은 골을 잘 넌는다. 또 박지성은 축구에서 주장이다.

---

24) 분류 코드는 다음과 같은 의미를 담고 있다. ① 첫째 자리 영문자는 지역을 나타낸다. 서울 S, 대전 T, 전북 J, 경남 K ② 둘째 자리 영문자는 학교 급을 나타낸다. 초등학교 E, 중학교 M, 고등학교 H ③ 셋째 자리에서 여섯째 자리 숫자는 학년과 번호를 나타낸다. ④ 일곱째 자리 영문자는 성별을 나타낸다. M은 남학생, F는 여학생.

박지성은 어릴때부터 축구를 좋아 했다. 고등학생이 대서 골도 많이 넣고 그랬다. 또 커서 축구선수가 돼었다. 그래서 대한민국에서 박지성이 짱이다. 우리나라 사람은 박지성을 좋아한다. 감사합니다.

KE4105M은 '축구를 설명하겠다.'라고 밝히고 있으나, 각각의 문장들은 뒷받침하는 내용이 없이 독립적으로 이것저것 나열되어 있기 때문에 축구에 대해 무엇을 설명하고 있는지 이해하기 어려운 글이 되고 말았다. 이러한 특징은 3, 4학년 저학년의 글에서 빈번하게 발견된다.

TM2335M
제목 : 스파게티
스파게티는 이태리에서 만들어졌다. 쫄깃쫄깃 한 면발과
새콤달콤한 도마토 소스가 있다. 정말 맛있다. 오늘 급식에서도
스파게티가 나온다. 많이 먹어야 겠다.
스파게티는 처음에 면을 익힌다. 그리고 양념과 함께
익힌다. 그러면 맛있는 스파게티가 완성된다.
우리엄마는 내가 어렸을 때 스파게티를 해주셨다
이탈리아 음식인 스파게티를 많이 먹자!

TM2335M은 스파게티를 설명 대상으로 삼고 있다. 그러나 스파게티 요리법을 설명하려는 것도 아니고, 자신이 스파게티를 좋아하게 된 계기를 말하고 있는 것도 아니며, 스파게티에 얽힌 추억을 말하고 있는 것도 아니다. 두 글 모두 필자가 설명 대상을 구체적으로 주제화시키지 못하고, 단순히 설명 대상에 대해서 떠오르는 대로 나열하고 있기 때문에 독자가 이해하기에 어려운 글을 쓰게 된 것이다.

학생들이 주제를 명료하게 드러내지 못하는 이유 중의 하나는 글을 쓰기 전에 충분한 계획하기가 실행되지 않기 때문이라고 볼 수 있다. 특

정한 수사적 상황이 아니라면 글을 쓰기 전에 자신이 무엇을 쓸 것인지, 누구를 대상으로 쓸 것인지, 어떠한 전략을 사용할 것인지에 대한 숙고가 필요하다. 그러나 대부분의 학생들은 쓰기 과제가 제시되면 곧바로 쓰기를 시작하며, 미숙한 필자일수록 그러한 경향이 짙다(McCutchen 2006).

주제를 명료화하지 못하는 또 다른 이유로 미숙한 필자일수록 자신의 글을 객관적인 관점에서 해석하고 평가하는 능력이 미흡하기 때문으로 여겨진다. 자신의 글을 읽어가면서 자신이 말하고자 하는 의도나 목적이 분명하게 제시되고 있는지 파악할 기회를 갖지 못하기 때문에 더욱 그렇다. Hayes & Flower(1980a)에서 일찍이 제안한 대로 자신이 작성해 나아가는 텍스트는 또 다른 자료원으로서 자신의 쓰기 과정에 영향을 미치게 된다. 따라서 생각나는 대로 나열하는 것에 급급하고, 그런 다음에는 곧바로 쓰기를 마치고 마는 학생들에게, 충분한 계획하기를 제안하고 자신의 글을 읽으면서 내용을 수정하도록 가르치는 것은 주제가 명료히 드러나는 글을 쓰는 데에 도움을 줄 수 있을 것이다.

내용2는 '글의 내용이 풍부하고 통일성이 있는가'를 측정하였다. 내용을 풍부하게 생성하는 능력은 필자가 가지고 있는 화제 지식에 많은 영향을 받는다. 이 연구에서는 학생들의 화제 지식을 측정하는 것이 목적이 아니었기 때문에 특수하고 전문적인 화제 지식을 요구하지 않았다. 대신 학생들은 자신의 배경지식을 충분히 글 속에 담아내는 능력과 내용의 통일성을 갖춘 글을 생성하는 능력을 발휘해야 했다.

〈표 4-7〉 내용2(내용의 풍부성 및 통일성)의 발달 양상

학년	초3	초4	초5	초6	중1	중2	중3	고1	고2	고3
평균	2.1828	2.2679	2.6106	2.4251	3.0873	2.9776	3.2818	3.2046	3.5093	3.4138
동일집단	A	A B	C	B C	D E	D	E F G	D E F	G	F G

풍부하고 통일성 있는 내용을 생성하는 능력은 초등학교 3학년이 2.1828점으로 가장 낮았으며, 고등학교 2학년이 3.5093점으로 가장 높았다. 여기에서 쓰기 능력의 전체적인 발달 양상과 다소 다른 모습이 발견되었다. 초등학교 3학년, 초등학교 5학년, 중학교 2학년, 고등학교 2학년을 제외한 모든 학년에서 2개 이상의 집단에 걸쳐 있고, 중3과 고1은 세 집단에 걸쳐 있는 것으로 나타났다. 그리고 다른 항목에 비해 많은 집단으로 분류되었다. 풍부하고 일관된 내용을 생성하는 능력은 초등학교 5학년, 중학교 1학년에서 급격하게 발달하는 양상을 보였으며, 중학교 1학년 이후로도 2단계 높은 집단(F, G집단)이 나타나기 때문에 발달이 점진적으로 이루어짐을 알 수 있다. 이러한 양상은 학생들이 진급함에 따라 사고의 폭이 넓어지고 교육 경험이 누적되면서 화제 지식도 풍부해지게 되는데, 그 변화가 비교적 꾸준하고도 점진적으로 이루어지면서 그에 따라 풍부하고 통일성 있는 내용을 생성하는 능력에 영향을 미친다고 판단된다.

내용2(내용의 풍부성 및 통일성)와 관련하여 초등학교 3, 4학년이 쓴 글에서 보이는 가장 큰 특징은 글의 길이가 매우 짧다는 점이다. 이는 구어적 상황에서 대화 상대와의 상호작용에 의해 촉진되었던 내용 생성의 단서들이 쓰기 상황에서는 부재하기 때문에 일어날 수 있다(Bereiter & Scadamalia 1987). 글의 길이는 내용의 풍부성과 밀접한 관련이 있기 때문에 글의 길이가 짧을 경우 풍부한 내용을 담보하지 못하게 된다.

JE3117F
　수영을 하는 방법
　일단 수영복을 입습니다.
　우선 몸을 풀어야 합니다.
　물속에 들어갑니다. 이때, 물속으로 뛰어들어가면 다칠 수 있음으로 조

정되는게 대부분입니다. 그들은 하나의 딱딱하고 흰 고무 공을 서로 전달하여 다른팀의 골대에 집어 넣으려 합니다. 손을 골키퍼 의외의 선수가 사용할 수 없고 각 선수들은 스틱[stick]을 들고 경기를 합니다. 스틱[stick]은 손잡이와 손잡이 끝에 달린 바구니로 이루어져 있는데 대부분의 스틱은 알루미늄 재질이고 바구니는 플라스틱과 끈으로 이루어져서 마치 손바닥을 굽힌 모양과 유사합니다. 스틱[stick]을 이용한 공의 패스는 멀게는 4cm 정도까지 날아갈 수 있으나 경기중에는 대부분 단거리 패스를 합니다.

라크로스는 예전에 캐나다에서만 경기가 진행되었지만, 현재에는 많은 국가에서 인기스포츠로 거듭났습니다. 평범한 구기종목이 아닌 '막대기와 바구니'를 이용한 스포츠라는 점이 사람들의 눈길을 끌기도 합니다. 다음에 기회가 되면 라크로스를 꼭 해보시기 바랍니다.

내용 생성에 어려움을 겪는 학생들에게 개요짜기는 하나의 대안이 될 수 있다. 학생들이 개요를 짜면서 전체적으로 글에 채워야 할 내용을 계획할 수 있고 글을 쓰면서도 개요를 바탕으로 내용이 제대로 포함되었는지를 점검할 수 있기 때문이다. Kellogg(1988, 1990)는 글을 쓰기 전에 개요짜기를 한 집단이 안한 집단보다 아이디어 수가 많았고, 개요짜기를 할 경우 글의 길이가 길어질 뿐만 아니라 글을 쓰는 데 더 많은 시간을 들이면서 아이디어가 발전하고, 전체적인 질에서 더 수준 높은 단어를 많이 쓴다는 것을 발견하였다(Hayes 2006에서 재인용).

또한, 앞서도 제안했듯이 자신의 글을 다시 읽어보는 활동이 도움이 될 수 있다. 자신이 쓴 글을 읽으면서 새로운 아이디어가 떠오를 수 있고 처음에 의도했지만 미처 담아내지 못한 내용을 포착할 수도 있기 때문이다. 같은 맥락에서 Rijlaarsdam & Bergh(2006)는 내용 생성 능력이 약한 필자가 새로운 쓸거리를 찾아내기 위해서는 자신이 이미 쓴 글을 읽어보는 활동이 필요하다고 강조한다. 특히 그들은 쓰기 과정 후반에 자신의 글을 읽고 검토한 경우에 텍스트의 질이 높아진다는 것을 발견하였다.

다음으로는 내용3(정보의 정확성 및 가치성)에 대한 사후검정을 통해 어느 학년이 동일한 집단으로 묶이는지, 발달 양상은 어떠한지를 탐색하였다. 내용3은 '제공하는 정보가 정확하며 가치가 있는가'를 평가하였다. 이 연구에서 제시한 글의 유형은 설명문으로 정보를 전달하려는 목적을 달성하기 위해서는 글의 내용이 자신이 알고 있는 것이되 정확해야 하며, 독자의 측면에서는 가치 있는 것이어야 한다. 이때 가치 있는 정보란 독자에게 유용하면서도 유익한 정보라고 할 수 있다.

〈표 4-8〉 내용3(정보의 정확성 및 가치성)의 발달 양상

학년	초3	초4	초5	초6	중1	중2	중3	고1	고2	고3
평균	2.2043	2.3925	2.6785	2.6544	3.1455	3.0112	3.2848	3.2805	3.5370	3.5374
동일 집단	A	A	B	B	<u>C D</u>	C	D	D	<u>E</u>	E

내용3(정보의 정확성 및 가치성)은 초등학교 3학년이 2.2043점으로 가장 낮은 평균점수를 보였으며, 고등학교 3학년이 3.5374점으로 가장 높은 평균점수를 보였다. 통계적으로 유의한 차이는 아니어도 전체 평균에서 고등학교 3학년이 고등학교 2학년보다 낮은 점수를 기록했는데, 내용3(정보의 정확성 및 가치성)에서는 근소한 차이지만 고3 학생들이 고2 학생들보다 높은 점수를 기록하였다.

사후검정에 따른 동일 집단의 분포는 중학교 1학년에서만 두 집단에 걸쳐 있고 나머지 학년은 모두 하나의 집단에 포함되었으며, 모두 5개의 집단으로 분류되었다. 정확하고 가치 있는 정보를 생성하여 전달하는 능력은 초등학교 5학년, 중학교 1학년, 고등학교 2학년에서 급격하게 발달하는 것으로 확인되었다. 앞서 분석한 풍부하고 일관된 내용을 담아

내는 능력이 비교적 여러 학년에 걸쳐서 점진적으로 발달하는 모습을 보인 반면, 정확하고 가치 있는 정보를 담아내는 능력은 특정 학년에서 뚜렷한 발달 양상을 보였다.

이와 관련하여 특히 저학년 학생들은 가치 있는 정보, 즉 독자에게 유익하고 유용한 정보를 제공하는 데 미숙하였다. 이는 화제와 관련하여 아직 깊이 있는 지식을 습득하지 못하였기 때문으로 여겨진다. 또한, 독자가 무엇을 원하는지, 자신이 전달하는 내용이 독자에게 유용한 정보가 될 것인지 등을 고려하면서 쓰는 것에 서툴기 때문으로 보인다. 정확한 정보와 관련해서는 고학년에서도 확실한 출처를 제시하지 않고 자신의 추측이나 경험을 기반으로 한 부정확한 정보를 전달하고 있는 경우도 많았다.

SE4862F

김밥 : 김밥을 만들 때 재료가 좀 많이 필요해 재료는 김밥, 김밥용 햄, 우엉, 오이, 볶음 당근, 단무지 등이 있습니다. 집에서 만들 수 있는 김밥은 참치 김밥, 불고기 김밥, 치즈 김밥 등이 있다. 그냥 김밥 만드는 방법은 1. 재료를 준비한다. 2. 김을 올린다. 3. 김위에 밥을 올린다. 4. 재료를 차례차례로 놓은다. 5. 김밥을 조심히 말은다. 5. 그러면 완성이다. 하지만 딱 한가지가 있다. 그것은 김밥을 자르는 것이다. 하는 방법은 칼에 기름을 바르고 김밥을 자른다. 이젠 참치 김밥은 그냥 김밥과 거이 비슷하다. 참치와 깻잎, 마요네즈가 들어가고 햄, 우엉을 뺀다. 하는 방법은 똑같다. 그 다음은 불고기 김밥이다. 불고기 김밥은 햄만 빼고 불고기가 들어간다. 마지막 치즈 김밥은 햄을 빼고 치즈가 들어간다. 어디 집은 햄 대신 계란이 들어가는 집도 있으니 그것은 그 집의 마음이다.

TH2815F

영화 '식객'은 주인공 '성찬'이 '대령숙수의 칼'을 놓고 라이벌과 경쟁하는 내용이다. 음식으로 승부를 하여 결국 '성찬'이 그 칼을 얻었다. 그렇다면 성찬은 어떤 음식으로 이겼을까. 육개장이었다. 정성을 담아 고기를 구하고 야채로 조리해 심사위원은 그것을 먹고 감동했다.

육개장은 나에게 정말 친숙하다. 영화로, 학교 급식에서, 일반화된 모습을 보기 전부터 어머니가 자주 끓이시는 국이었기 때문이다. 육개장에 들어가는 재료는 다양하다. 고기와 야채를 같이 물에 넣고 끓이는데, 고기는 소고기 양지로 고르고 야채는 고사리 숙주나물, 고구마 줄기, 토란대, 대파를 넣고, 고춧가루와 마늘, 간장으로 국물을 만든다. 요즘에는 육개장을 인스턴트로 만들어 팔지만 직접 만든 것과는 달라, 재료를 사서 요리하는 것을 추천한다. 조리법은 위의 재료를 순서대로 넣고 오래 끓이면 되기 때문에 아주 쉽다.

육개장은 원래 6가지 재료를 넣어 만드는 음식이지만, 한두가지 재료를 제외하고 넣어도 상관없다. 그리고 여기에다 닭고기를 넣어주면 닭개장이라는 이름으로 다르게 불리기도 한다. 학교 급식에는 주로 닭개장이 나온다.

하지만 대중화된 만큼 급식에 육개장이 나오면 별로 좋아하지 않는 사람들이 많다. 채소가 잘 씻겨지지 않았을 때 흙이 남아있거나 벌레가 발견되는 일도 있기 때문이다. 그렇기 때문에 야채를 다룰 때에는 싹싹 헹궈주는 것이 중요하고 집에서 조리할 때도 유의해야 한다.

육개장의 기원은 임진왜란 이후로 추측된다. 고춧가루가 그 이후로 조선에 전파되었기 때문이다. 그러나 조리법은 조선의 독자적인 것으로 예상된다. 일본과 대립되는 시대에 고종에게 대령숙수가 육개장을 만들어 올렸다는 기록에서, 일본에 대항되는 우리의 음식이라는 것을 밝혀낼 수 있기 때문이다.

그런의미에서 근원이 우리나라 고유의 것이라는 것에 대해 긍지를 가졌으면 하고 육개장을 많이 먹어주었으면 한다.

SE4862F는 김밥을 만드는 방법에 대해 글을 쓰고 있지만, 너무나 상식적인 내용이기 때문에 독자가 얻을 수 있는 새로운 정보가 거의 없다. TH2815F에서는 고춧가루가 임진왜란 때 전해졌기 때문에 '육개장의 기원은 임진왜란 이후로 추측된다.'라고 하여 개인적인 추측에 의한 정확성이 부족한 정보를 제공하고 있다. 실제로 육개장은 임진왜란 이전부터 고춧가루를 넣지 않고 먹어온 음식으로 알려져 있다. 또한, 일본과 대립되는 시기에 육개장을 임금에게 올렸기 때문에 일본에 대항하는 우리 음식이며 그렇기 때문에 고유한 음식이라는 것은 억측이다. 이로 인해 이 글은 독자에게 잘못된 정보를 전달하고 있다.

정확하고 가치 있는 정보를 전달하는 능력은 필자들에게 쓰기 과제에 대해 깊이 있고 확장된 사고를 요구한다. 그러나 미숙한 필자일수록 쓰기과제에 대한 주체적인 해석이나 엄격한 검증 없이 단순하고 성급하게 처리해 버리려는 모습을 발견하게 된다. 이 연구에서도 쓰기 과제의 예시 중에 김밥이나 축구를 써도 된다는 것을 명시하였는데, 많은 학생들이 쓰기 과제에 대한 주체적 해석을 개입하지 않은 채 김밥이나 축구에 대한 설명문을 썼으며, 그러한 경향은 저학년에서 더욱 두드러졌다. 해당 글 중 대부분은 신뢰성이 의심되고 상투적이며 읽어 볼 가치가 부족한 글로 평가되었다. 이는 자신이 가장 잘 알고 있는 정보가 무엇인지, 그 정보가 정확하고 믿을 만한 것인지, 독자가 알고 싶어 하는 것이 무엇이고 독자에게 도움이 될 것인지 등과 관련하여 심사숙고하는 과정이 결여되었기 때문으로 볼 수 있다.

학생들에게 정확하고 가치 있는 정보를 전달하는 능력을 신장시키기 위해 '협력적인 실제 독자'를 예상독자로 활용하는 방안이 있다. 협력적인 실제 독자는 주로 학급의 동료가 그 역할을 맡을 수 있으며, 부모님이나 교사도 가능하다. 필자가 독자의 사전 지식수준을 알면 필요한 정보의 양과 적절성을 판단하도록 학생들을 돕고, 자신의 글에 추가나 삭제, 또는 명확성에 대한 요구를 결정하도록 이끌 수 있다(Beach 1989).

실제 독자를 예상독자로 상정하게 되면, 글을 쓰기 전에 학생들은 자신의 글을 읽을 실제 독자와 협의를 할 수 있다. 함께 글의 목적을 정하기도 하고, 독자가 요구하는 정보의 종류나 양, 수준 등을 확정하기도 하며, 필요한 정보를 추가하거나 필요하지 않은 정보를 삭제하는 등 실제 독자의 목소리를 반영할 수 있다. 글을 쓴 다음에는 자신이 제공한 정보가 새로운 정보였는지, 유익한 정보였는지, 이해하기는 쉬웠는지 등에 대한 즉각적인 피드백을 받을 수 있다. 따라서 설명 대상을 정하는 과정에서부터 정보를 찾고 내용을 생성하여 글을 쓰는 전 과정에서 끊임없이 실제 독자를 인식하고 고려할 수 있게 되어 텍스트의 질을 높이는 데 긍정적 기여를 하게 된다. 이러한 '협력적인 실제 독자'를 활용하는 전략은 궁극적으로 잠재적인 독자를 구체적으로 표상하면서 글을 쓰는 능력을 키우는 데 도움이 될 수 있다.

▌조직 영역

조직 영역은 글의 전체 구조가 유기적이며 완결성을 갖추고 있는지, 문단이 적절하게 나누어져 있고 연결이 자연스러운지, 내용 전개가 자연스러우며 전개 방법을 효과적으로 사용하고 있는지를 측정하였다.

조직1은 '글의 전체 구조가 유기적이며 완결성을 갖추고 있는가'를 평가 기준으로 삼아 학생들의 쓰기 능력을 측정하였다. 설명문은 교류를 위한 글쓰기의 대표적인 유형으로 글의 구조가 유기적으로 조직되어 있을 때 효과적인 의사소통이 가능하다. 일반적으로 설명문은 처음, 중간, 끝의 구성을 가지는데 처음 부분에서는 설명하고자 하는 대상을 간략히 소개하거나 글을 쓰는 목적, 동기 등을 밝힌다. 중간 부분에서는 설명 대상이나 목적에 맞는 전개 방법을 사용하여 구체적으로 서술해 나가며, 끝부분에서는 중간 부분에서 설명한 내용을 요약하고 다시 정리하여 제시할 수 있다. 설명문의 구성이 여기에 반드시 부합되어야 하는 것은 아니지만, 전체 구조가 안정적이고 완결된 형태를 갖추고 있어다. 이 외에도 대부분의 학생들의 글에서는 설명문의 구성에 대한 인식이 거의 보이지 않았고, 문단으로 구분되어 나타나지 않았다. 처음이나 끝부분에 대한 인식이 보이더라도 '이제부터 휴대폰에 대해 소개하겠습니다.' '나는 비빔밥에 대해 말하겠다.' 등만이 처음 부분의 역할을 하고 있으며, 중간 부분에서 설명한 내용을 정리하고 요약해 주는 끝 부분은 아예 없는 경우가 많았다. 이러한 특징은 저학년부터 고학년에 걸쳐 공통적으로 나타났다. 다음은 그러한 글의 예이다.

JE5113M
　내가 설명하려는 것은 마법젤리이다.
　마법젤리는 여러 가지 맛이 있으며 그 중에도 구토맛, 코딱지맛, 귀지맛, 먼지맛, 썩은달걀맛, 지렁이맛, 블루베리맛 등이 있다. 그리고 이것은 실제로 미국에서 팔리고 있으면 여러 가지 맛을 섞어서 맛을 내는 것이다. 그리고 먹으면 입에 냄새가 스며들고 맛이 최악이다. 그리고 이것은 스펀지 2.0에서 나왔고 냄새가 지독하다. 그리고 냄새가 지독한 음식중에는 세계 1위인 수르트 스트뢰밍이 있다. 수르트스트뢰밍은 청어를 발효시킨것이다. 그리고 스웨덴에 있는 일명: 악마의 좌약이라고 불리는 치즈가 있다. 그 치즈는 냄새가 지독하고 먹으면 맛있다. 그리고 일본의 쿠사야, 우리 한국의 홍어회가 있다. 홍어회는 냄새가 지독하며 좋아하는 사람도 있고 싫어하는 사람도 있다.

　JE5113M의 처음 부분은 '내가 설명하려는 것은 마법젤리이다.'라는 한 문장으로 되어 있고 마법젤리에 대한 설명이 중간 부분에 나오지만 끝 부분은 제시되어 있지 않다. 다른 글에서도 끝 부분은 '이상으로 수영에 대한 설명을 마치겠다.'라든지 '이제, 인스턴트 식품의 양을 줄이고 우리의 전통음식을 사랑하는 게 어떨까' 등 한두 문장만으로 끝맺는 것을 흔히 볼 수 있다. 이처럼 학생들은 설명문을 구성하면서 끝 부분을 처리하는 데 매우 미숙한 모습을 보였다.

　조직2는 '문단이 적절하게 구성되어 있고, 문단의 연결이 자연스러운 가'를 측정하였다. 이 능력은 하나 이상의 문장들을 적절하게 연결하여 의미 단락을 구성하고 그 의미 단락을 유기적으로 배열하는 능력이라고 할 수 있다. 조직 영역 중 가장 낮은 점수를 보인 조직2(문단 구성과 문단 연결의 적절성)는 문단이 적절하게 조직되어 있는지, 문단 연결이 자연스러운지에 해당하는 평가 기준으로 문단 조직 능력을 측정한 것이다. 문단 조직 능력은 자신의 생각을 완결된 의미 구성 단락으로 구체화하는 능력으로 중요한 쓰기 능력의 하나이다. 문단을 유기적으로 조직하고 글을 체계화하는 능력이 제대로 형성되지 않는다면, 글을 통해 필자의 생각이나 의도가 효과적으로 전달되기 어렵다. 뿐만 아니라 쓰기의 중요한 기능 중의 하나인 쓰기를 통한 사고력과 논리력 등의 고등정신 능력을 신장시키는 데에도 효과를 발휘할 수 없다.

〈표 4-10〉 조직2(문단 구성과 문단 연결의 적절성)의 발달 양상

학년	초3	초4	초5	초6	중1	중2	중3	고1	고2	고3
평균	1.5090	1.4891	1.7788	1.8960	2.5159	2.2325	2.5091	2.4224	2.9691	2.8563
동일 집단	A	A	B	B	D	C	D	C D	E	E

　문단 구성 및 배열 능력은 5개의 집단으로 묶였으며, 초등학교 5학년, 중학교 1학년, 고등학교 2학년에서 발달 지점을 확인할 수 있었다. 또한, 초등학교 3학년이 평균 1.5090점을 받아 가장 낮은 점수를 보였으며, 가장 높은 점수를 받은 고등학교 2학년도 2.9691점으로 3점을 채 넘지 못하였다. 이러한 결과로 10개 모든 학년에서 학생들은 문단을 바르게 구성하고 자연스럽게 연결하는 데 가장 어려움을 겪고 있는 것으로 진

혀서 타야 되는 일반자전거와 달리, 그것은 허리를 곧게 펴고 탈수있도록 구조가 되어 있어 허리에 부담을 덜 준다. 셋째로, 자전거 바퀴 회전수가 굉장히 많아 남는 회전을 잘 이용하면 힘이 덜 들수 있다는 것이다. 가벼움과 회전 수가 많은 이점으로 페달을 한번 많이 굴리고 언덕 높이 올라갈 수 있다. 넷째로, 좁은 길, 차사이를 다닐때 매우 좋다. 큰 자전거는 길가에서 다니다가 차가 양방향에서 오면 이러지도 못하고 저러지도 못하는 상황이 많이 있으나, 미니멜로는 그 사이를 요리조리 헤집고 나갈 수 있다. 다섯 번째, 무게가 가벼워 초보도 배우면 쉽게 자전거 특수기술이나, 묘기를 배울 수 있다. 이러한 특징으로 사람들이 미니멜로를 찾는 것이다.

　　JE4120F는 한 문장을 쓸 때마다 문단을 바꾸고 있어 문단에 대한 인식이 전혀 없다는 것을 알 수 있다. 이러한 양상은 저학년의 글에서 매우 많이 나타났다. 이것은 어떤 대상에 대한 설명을 단순히 생각나는 대로 나열하는 것에 그치고, 더 이상 자신의 글을 수정하거나 보완하는 과정을 거치지 않기 때문으로 보인다. SH3427M은 문단을 나누지 않고 계속 이어서 쓴 경우이다. 미니멜로에 대한 설명이 구체적이고 통일성이 있으며, 단어 선택이나 문장 표현도 우수한 편이지만, 문단을 구성하고 배열하는 능력은 떨어진다고 할 수 있다.

　　문단을 제대로 구성하는 능력은 초등학교 저학년부터 고등학교 고학년에 이르기까지 매우 미숙한 것으로 나타났다. 대부분의 학생들은 문단 인식이 부족하고 문단이 하나의 의미를 완결하면서 나누어져야 한다는 것을 모르고 있는 것으로 파악되었다. 이러한 결과는 이재분 외(2002)에서 우리나라 초·중학생들이 문단 개념을 습득하여 실제 작문에서 사용하는 수준이 매우 낮다고 밝힌 것과 일치한다. 문단 인식 능력의 부족은 읽기 학습에서도 그대로 나타난다. 학생들은 글을 읽으면서 핵심 문단이 어디에 배치되어 있는지, 문단에서 중심 문장과 뒷받침 문장이 무엇인지, 뒷받침 문장이 중심 문장을 드러내기에 타당하게 구성되어 있는지 해석하고 비판하며 읽어야 한다. 하지만 학생들은 중심 문장과 뒷받침 문장이 긴밀하게 어우러져 하나의 문단이 구성된다는 것, 하나의 문단에는 하나의 완결된 의미를 담고 있어야 한다는 것, 글의 목적을 달성하기 위해 문단의 배열을 충분히 고려해야 한다는 것 등을 충분히 알지 못하기 때문에 기본적인 읽기 학습에서도 어려움을 겪게 되는 것이다.

글에서 문단을 나누고 유기적으로 조직하는 능력은 다른 능력에 비해 수월하게 신장될 수 있다. 그럼에도 불구하고 학생들이 이에 대해 어려움을 겪는 이유는, 쓰기 교육에서 내용 생성이나 표현 능력을 신장시키려는 노력에 비해 문단 구성 능력을 포함하여 글을 조직하는 것과 관련한 능력을 신장시키려는 노력을 소홀히 해 왔기 때문으로 파악된다.

글의 내용을 조직하는 능력은 전략이나 기능을 익히는 데 주로 사용되는 현시적 교수법이 좋은 교수 방법이 될 수 있다. 특히 사고구술을 활용한 교사의 시범보이기는 학생들에게 많은 도움이 될 수 있는데, 교사는 직접 시범을 통해 문단을 구성하고 문단들을 배열하여 유기적인 글을 완성해 나아가는 것을 보여주고, 점차 학생들이 독립적으로 능숙해질 수 있도록 격려해 주어야 할 것이다.

다음으로는 조직3(내용 전개의 적절성 및 전개 방법의 효과성)에 대한 사후 검정을 실시하였다. 조직3(내용 전개의 적절성 및 전개 방법의 효과성)은 '내용 전개가 자연스럽고 내용 전개 방법이 효과적으로 사용되었는가'를 평가 기준으로 삼았다. 대표적인 내용 전개 방법으로는 비교나 대조, 원인과 결과, 문제와 해결 등의 방법이 있으며, 글을 조직하는 능력은 글의 목적을 달성하기 위해 다양하고 효과적인 내용 전개 방법을 사용하는 것을 포함한다.

〈표 4-11〉 조직3(내용 전개의 적절성 및 전개 방법의 효과성)의 발달 양상

학년	초3	초4	초5	초6	중1	중2	중3	고1	고2	고3
평균	2.2222	2.0218	2.5074	2.3517	2.9365	2.8403	3.0152	3.0924	3.3488	3.2730
동일 집단	A B	A	<u>C</u>	B C	<u>D E</u>	D	D E	E F	<u>G</u>	F G

효과적인 내용 전개 방법을 사용하는 능력에 따라 A집단에서 G집단까지 모두 7개의 집단으로 분류되었으며, 초등학교 3학년을 비롯한 6개 학년에서는 두 개의 집단에 걸쳐서 동일한 집단에 포함되었다. 다른 항목에 비해 많은 집단으로 분류되었다는 것은 그만큼 지속적인 발달이 이루어진다는 것을 의미하며, 한 학년이 두 개의 집단에 포함되는 것은 발달이 점진적으로 진행된다는 것을 나타낸다. 즉 조직3(내용 전개의 적절성 및 전개 방법의 효과성)과 관련한 쓰기 능력은 뚜렷한 발달 지점을 확인할 수 있으면서도 점진적인 발달 양상이 함께 보인다고 하겠다. 쓰기 발달이 크게 이루어지는 학년은 초등학교 5학년과 중학교 1학년 그리고 고등학교 2학년이었다.

학생 글을 검토한 결과 과정이나 분류, 비교나 대조의 방법이 많이 쓰였는데, 이는 쓰기 과제가 특정 대상에 대한 정보를 제공하는 것을 요구했기 때문으로 보인다. 특히 음식을 화제로 주었기 때문에 저학년의 경우 많은 학생들이 음식 만드는 방법에 대해 설명하였다. 미숙한 글의 경우 특별한 내용 전개 방법을 사용하지 않은 글이 대부분이었으며, 사용하였다고 하더라도 전개 방법을 단순하게 사용하고 구체적인 내용이 이어지지 않아 내용을 전달하는 데에 그다지 효과적이지 않았다. 반면 능숙한 글에서는 글의 목적에 맞는 전개 방법을 사용하여 독자의 이해를 돕는 데 기여하고 있었다. 이 경우 풍부한 내용을 함께 확보할 수 있었다.

TH1421M

　지금부터 제가 잘하는 마술에 대하여 설명하겠습니다. 마술은 크게 스테이지, 클로즈업으로 나누어져 있습니다. 스테이지 마술은 무대에서 하는 마술로써 비교적 무대장치가 많고 불, 링, 비둘기 마술등 종류가 많습니다. 또 클로즈업 마술은 사람들 앞에서 하는 마술로 카드, 스펀지, 동전 마술이 있습니다. 스테이지 마술의 장단점은 무대가 크고 화려하므로 보는 관중이 재미있으며 비록 실수를 하더라도 들키지 않고 재치있게 넘길 수 있다는 점이 있지만 무대장치가 비싸기 때문에 비용과 시간이 많이 들고 장소의 제한이 많이 있습니다. 반면에 클로즈업 미술은 관중들 앞에서 하므로 관중과 함께 미술을 할 수 있고 장소의 제약이 없어서 자유롭게 할 수 있다는 점이 있지만 실수를 하게 될 경우 매우 난감한 상황이 발생할 수 있기 때문에 연습을 많이 해야 합니다. 우리나라의 대표적인 마술사는 이은결이 있는데 그는 세계 2위를 차지할 정도로 매우 재능있는 사람입니다. 그는 특히 카드미술을 잘 하는데 그가 만든 마술 수가 수십가지입니다. 많은 사람들이 마술을 하는 사람들보고 사기꾼이라고 비판적인 모습을 많이 보이지만 마술은 사기치기 위해 하는 것이 아니고 보는 사람에게 흥미와 즐거움을 주기 위한 수단입니다. 세계적인 어떤 마술사는 잠은 꿈을 꾸게 해주지만 마술은 그 꿈을 현실에서 볼 수 있게 해준다 라고 했으며 이은결은 세계에서 상대방이 속고도 즐거운 것은 사랑과 마술 뿐이라고 했습니다. 이처럼 마술은 사람들을 위해 있는 것이지 속이기 위한 것이 아닙니다. 마술이 세계적으로 더욱 발전하고 증진되는 긍정적인 문화가 됐으면 좋겠습니다.

　TH1421M의 경우 글의 조직적 측면에서는 확실하게 구분하지 않았지만 처음, 중간, 끝의 전체적인 구성에 대한 인식이 보이고 있다. 문단을 명확하게 구분하지 못했지만 중심 문장과 뒷받침 문장이 적절하게 배치되어 있어 하나의 의미 단락이 비교적 유기적으로 연결되어 있다. 특히 조직 3과 관련하여 내용 전개 방법을 효과적으로 사용하고 있는데, 마술에 대한 분류, 스테이지 마술과 클로즈업 마술을 비교하거나 대조하여 설명함으로써, 독자의 이해를 돕고 있다.

앞서도 언급했듯이 학생들은 글을 쓰기 전에 자신이 쓸 글에 대해 충분하고 체계적인 계획을 세우지 않고, 글을 다 쓴 후에도 평가하고 수정하는 과정을 거치지 않고 초고 상태에서 쓰기를 완료하기 때문에 글을 조직하는 능력이 미흡하게 된다. 교육과정의 차원에서는 내용 전개 방법과 관련하여 기존에 학생들에게 제공된 학습 내용은 각 학년에서 특정한 내용 전개 방법 한두 개만을 분절적으로 떼어 익히도록 하는 문제점이 있었다. 그러다보니 학생들은 내용 전개 방법을 단순한 지식이나 기능으로만 알고 있는 데 그치거나, 당해 학년에서 배웠던 것만을 모든 글에 일괄적으로 적용하려는 모습을 보이게 된 것이다. 새로운 교육과정이 적용됨에 따라 어느 정도 개선이 되었지만, 학생들이 다양한 텍스트를 생산하는 과정에서 글의 목적이나 글의 유형에 적합한 내용 전개 방법을 활용할 수 있도록 지속적인 지도가 요구된다.

■ 표현 영역

쓰기 능력의 하위 구성 요인의 하나인 표현 영역은 설명문의 특성에 맞게 명료하고 객관적인 진술을 사용하고 있는지, 독자를 고려하여 표현하고 있으며 표현이 일치되어 있는지, 적절한 단어를 선택하고, 바른 문장을 사용하고 있는지를 측정하였다. 전반적인 양상은 전체 쓰기 능력과 비슷하였고, 내용이나 조직 영역에 비해 표현 영역의 점수가 전반적으로 높게 나타났다.

표현1은 '표현이 명료하고 객관적으로 진술되어 있는가'를 측정하였다. 설명문은 다른 유형의 글보다 명료성과 객관성이라는 표현 조건이 충족되어야 의사소통의 목적을 성취할 수 있다. 명료하지 못하거나 필자의 주관이 지나치게 개입된 글은 지식이나 정보를 명확하게 전달하는 데 어려움을 일으키기 때문이다.

〈표 4-12〉 표현1(표현의 명료성 및 진술의 객관성)의 발달 양상

학년	초3	초4	초5	초6	중1	중2	중3	고1	고2	고3
평균	2.4624	2.3583	2.7758	2.5688	3.2725	3.0196	3.1303	3.3102	3.4846	3.4971
동일 집단	A	A	B	A B	D E	C	C D	DE	E	E

사후검정 결과 표현1(표현의 명료성 및 진술의 객관성)은 5개의 집단으로 분류되었다. 명료하고 객관적인 표현을 할 줄 아는 능력은 초등학교 5학년, 중학교 1학년에서 의미 있는 성장이 이루어지고 있음을 발견하였다. 이 지점을 발달 지점으로 삼을 수 있다. 여기에서도 중학교 1학년은 중학교 2학년에 비해 높은 단계의 집단으로 분류되었다. 그런데 전체 쓰기 능력에서나 내용, 조직의 다른 항목에서는 초등학교 5학년, 중학교 1학년, 고등학교 2학년의 발달 지점을 확인할 수 있었던 것과는 달리 명료하고 객관적인 표현과 관련된 능력은 중학교 1학년 이후로 눈에 띄는 발달 지점을 확인할 수 없었다. 중학교 1학년 이후로는 해당 능력이 고등학교 3학년까지 꾸준히 발달하고는 있지만 그 정도가 완만한 수준으로 발달하는 양상을 함께 보이고 있다고 할 것이다.

이와 관련하여 미숙한 학생들의 글에 나타나는 특성으로는 주관적인 의견이나 감정적인 표현이 지나치게 드러난다는 점을 들 수 있다.

TE4150F
　　내가 잘아는 물건은 꽃이다. 꽃의 종류는 되게 많다.
　　내가 알기로는 꽃의 종류가 30송이가 있다고 한다.
　　튤립, 해바라기, 무궁화, 국화, 장미, 코스모스, 벗꽃, 개나리, 선인장꽃, 화초, 난초, 가랑근에, 연산홍, 아몬드 페페, 베리베리 이라는 꽃이 있다.

는 쓰기 경험은 턱없이 부족하다. 뿐만 아니라 학생들은 자신의 텍스트
는 물론 동료들의 텍스트에 대해 비판적인 주체로서 해석하거나 성찰할
수 있는 기회가 적다. 학생들에게 다양한 유형의 텍스트를 쓸 수 있는
기회를 적극적으로 제공하고, 그러한 쓰기 경험이 학생들에게 인지적,
정서적으로 만족스럽도록 구안될 수 있도록 하는 데에 교육적 무게를
두어야 할 것이다.

표현2는 '독자를 고려하여 표현하고 있는가'를 평가하였다. 구체적으
로는 독자가 이해하기 쉽게 서술했는지, 독자 인식에 따른 서술 어미나
지시어 등을 일치시키고 있는지와 관련된다.

〈표 4-13〉 표현2(독자 고려 및 표현의 일치성)의 발달 양상

학년	초3	초4	초5	초6	중1	중2	중3	고1	고2	고3
평균	2.7455	2.8847	3.3717	3.3242	3.5661	3.5350	3.7061	3.8317	3.9815	3.8046
동일 집단	A	A	<u>B C</u>	B	C D	B C D	D E	E F	F	E

분석 결과, 표현2(독자 고려 및 표현의 일치성)는 초등학교 3, 4학년이 동
일 집단으로, 초등학교 5, 6, 중학교 2학년이 동일 집단으로, 초등학교 5
학년과 중학교 1학년이 동일 집단으로, 중학교 1, 2, 3학년이 동일 집단
으로, 중학교 3학년과 고등학교 1, 3학년이 동일 집단으로, 고등학교 1,
2학년이 동일 집단으로 분류되었다. 표현2(독자 고려 및 표현의 일치성)는
독자 인식에 따른 표현 능력으로, 쓰기 능력의 하위 구성 요인의 9개 항
목을 통틀어 모든 학년에 걸쳐 가장 높은 평균 점수를 보였다. 그런데
초등학교 5학년 때만 급격한 발달을 보이고 그 이후로는 급격한 발달
지점을 확인할 수 없었다. 이러한 양상은 독자를 인식하고 표현하는 능
력이 다른 쓰기 능력에 비해 능숙하게 발달하면서도 점진적이고 꾸준하

게 발달한다는 것을 시사해 준다.

그런데 여기에서 탐색한 표현 능력은 필자가 독자를 인식하고 독자의 특성을 고려하여 글의 전반적인 내용이나 구조, 표현 등을 조절하는 능력을 의미하는 것은 아니다. 그러한 능력은 쓰기 결과물만으로는 측정하기 어렵기 때문에, 여기에서는 자신만이 아는 용어를 사용하거나 이해하기 어려운 진술을 하지는 않았는지, 서술 어미나 지시어 등이 일관되게 사용했는지를 통해 독자를 일관되게 인식하면서 표현하고 있는지를 판단하였다. 학생들에게 부여한 쓰기 과제에서 '설명 대상에 대해 잘 모르는 사람'이라는 독자를 제시해 주었기 때문에, 학생들은 이를 토대로 자신의 글을 읽을 독자를 구체화해야 한다.

전반적으로 학생들은 독자에 따른 일관된 표현 양식을 사용하는 데 어려움을 겪지 않았다. 하지만 미숙한 학생들의 글에서는 서술어미가 제대로 일치되지 않거나, 일반 독자가 이해하기에 어려운 용어나 진술을 별다른 설명 없이 사용하는 등 독자에 대한 인식이 결여된 경우를 발견할 수 있었다.

TM1523M

서든어택(게임)에 대하여…

저는 제가 자주하는 게임인 서든어택에 대해 설명하려고 합니다. 서든어택은 총게임으로 18세 미만은 할 수 없으므로 대부분 엄마·아빠 아이디로 하고 폭력성 게임이다. 이 게임을 하게 된 동기는 주변 친구들이 많이 하기 때문이다. 맵의 개수는 대략 32개 정도이고 제가 자주하는 맵은 웨어하우스, 웨어하우스2, 몽키가든, 크로스카운터, G큐브, 제3보급창고 등이 있습니다. 서든어택에는 일반전, 권총전, 칼전, 스나이퍼전이 있는데 웨어하우스, 웨어하우스2, G큐브, 제3보급창고는 무기가 자유이며 몽키가든은 칼전이면서 점령전입니다. 크로스카운터는 스타이퍼전이고 점령전 이외에는 일정한 사람수를 먼저 죽이는 팀이 이기게 된다. 예를 들어 100

명을 죽이라고 하면 상대편을 언제 100명을 언제 죽이면 된다. 리스폰이라고 죽으면 다시 살아나는데 3초간 무적이다. 한팀에는 최대 8명이 들어올 수 있다.

총은 AK-47, TRG, Famas, Black, Eagle등 권총도 있고, 샷건도 있고, 스나이퍼등도 있고 라이플 총도 있다. 칼에는 쿠르카, 타이거, 러시안 등이 있다. 유명한 총은 AK-47, TRG, 구르카 등이 있고 내가 자주 쓰는 총은 AK-74v, 구르카, AK-47, Black, Eagle, TRG를 자주 쓴다. 포인트가 없을 때에는 기본 총이 M16으로 포인트를 번다. 킬뎃이 높으면 클렌도 잘 가입되어 킬뎃도 잘 해야 한다. 스나이퍼 전에서는 줌이라고 확대해서 쓰는 것인데 노줌이라고 줌을 안하고 바로 쏘는 것인데 그것은 뽀록이다. 이로써 서든어택에 관한 설명을 마치겠습니다.

TM1523M에서는 '설명하려고 합니다' '설명을 마치겠습니다' 등의 존대를 나타내는 서술 어미를 쓰기도 하고 '폭력성 게임이다.' '들어올 수 있다.' 등의 존대의 의미가 없는 서술어미를 쓰기도 해 독자 인식에서 혼란을 겪고 있음을 보여주었다. 또한, '맵', '크로스카운터' '킬뎃' '뽀록' 등의 게임과 관련된 용어가 별다른 설명 없이 글의 대부분을 차지하고 있는 것으로 미루어, 독자의 이해를 고려하지 않고 표현했음을 알 수 있다.

한편 서술어미를 일치시키지 못한 글 중에서는 설명 대상에 대해 내용을 전개시킨 후 글의 맨 끝 부분에서 독자의 동의를 구하거나, 독자에게 무언가를 제안하고자 할 때 갑자기 존대의 서술 어미를 사용하는 경우가 자주 있었다. 예를 들어 김치에 대한 효능을 설명하고 난 뒤 '이정도면 팔방미인 맞겠죠?'라든가, 야구 경기를 설명한 후 '여러분도 친구, 친척과 함께 재미있는 야구를 해보거나, 관람해 보세요.' 등이다.

예상독자는 필자의 인지 영역에 머물면서 필자와 대화하고 타협하고 의문을 제기함으로써 필자가 의미를 구성해 나갈 수 있도록 해주기 때문에(박영민 2004) 필자의 쓰기 수행에 지대한 영향을 미칠 수 있다. 학생들이 독자를 인식하는 능력은 Bereiter(1980)에 의하면 의사소통적 쓰기 발달 단계의 특성으로, 예상독자를 인식하는 능력이 획득되면서 교류적 성격이 강한 설명문이나 논설문과 같은 글을 쓸 수 있게 된다. 반면 미숙한 필자의 경우 독자를 제대로 인식하지 못하여 의미 구성 과정에 독자를 참여시키지 않기 때문에 자기중심적인 글을 쓰게 된다.

독자를 고려한 쓰기 교육을 위해서는 처음에 실제적인 독자를 대상으로 글을 쓰는 경험을 쌓는 것이 좋다. 실제적인 독자란 학생들의 쓰기 수행에 직접적으로 간여할 수 있고 실질적인 피드백을 통해 상호작용할 수 있는 사람으로, 앞서 언급한 '협력적인 실제 독자'인 학급 동료가 가장 효과적인 예상독자의 역할을 담당할 수 있다. 예상독자를 실제적인 독자로 삼음으로써 학생들은 예상독자를 쉽게 떠올릴 수 있고, 예상독자의 중요성도 깨달을 수 있으며, 예상독자가 납득할 수 있도록 글로 표현하게 되어 예상독자와의 상호작용 능력을 기를 수 있다(박영민 2005). 실제 독자에 대한 충분한 인식이 이루어진 후에는 추상적인 독자로의 전이가 가능하다. 즉, 학생들이 독자를 인식하고 고려하는 능력이 보다 향상되면, 비가시적이고 추상화된 개인이나 공동체를 예상독자로 삼아 교류적 쓰기를 하는 것으로 확장할 수 있다. 다만 이들 모두가 학생들 삶의 맥락에 닿아 있을 때 예상독자가 생생한 목소리를 낼 수 있음은 분명하다.

표현3은 쓰기 능력과 관련하여 '단어의 선택이 적절하고 바른 문장이 사용되었는가'를 측정하였다. 설명문을 쓸 때 모호하고 불명확한 단어를 사용한다든지, 비문을 사용할 경우 필자가 전달하려는 의미를 독자가 제대로 이해할 수 없게 된다. 따라서 글의 주제나 목적에 맞게 단어를 선택하고 올바른 문장을 사용하는 능력이 중요하다.

〈표 4-14〉 표현3(단어 선택의 적절성 및 바른 문장 사용)의 발달 양상

학년	초3	초4	초5	초6	중1	중2	중3	고1	고2	고3
평균	2.4480	2.7477	3.0678	2.8685	3.1825	3.1849	3.3303	3.4917	3.6883	3.6523
동일 집단	A	B	C	B	C D	C D	D E	E F	F	F

　　사후검정 결과, 초등학교 3학년에서 고등학교 3학년까지 10개 학년은 6개의 집단으로 나누어졌으며, 초등학교 4학년과 초등학교 5학년에서 각각 발달적 국면이 확인되었다. 그러나 중학교 이후로는 점진적으로 발달이 이루어지고 있어 뚜렷한 발달 지점을 발견할 수 없었다. 이러한 양상은 전체 쓰기 능력의 발달과는 다른 양상이다. 적절한 단어를 선택하고 올바른 문장을 쓸 수 있는 표현 능력은 초등학교 시기까지는 뚜렷한 발달 지점이 확인되는 급격한 발달이 이루어지고 그 이후로는 뚜렷한 발달 지점은 확인되지 않으나 꾸준히 발달하는 점진적 발달이 함께 일어난다고 할 수 있다.

　　표현3(단어 선택의 적절성 및 바른 문장 사용)은 표현2(독자 고려 및 표현의 일치성)에 이어서 다른 항목에 비해 전반적으로 높은 점수를 획득하고 있는데, 이는 학생들이 다른 쓰기 능력에 비해 적절한 단어와 바른 문장을 사용하는 능력이 우수하다는 것을 말해 준다. 또한, 다른 항목들은 초등학교 5학년에서 현저한 발달 지점이 포착되었는데, 표현3(단어 선택의 적절성 및 바른 문장 사용)의 경우 초등학교 4학년에서 급격한 발달을 보이는 것으로 보아 적절한 단어와 바른 문장을 사용하는 능력은 다른 쓰기 능력에 비해 이른 시기에 발달한다고 추정할 수 있다.

JE3126F

　숨박꼭질 하는 방법

　먼저 친구들을 불러서 가위바위보를 한다. 가위 바위보를 해서 진 사람이 술래가 된다. 술래가 된 사람은 구석에서 30을 센다. 친구들은 자기 자신이 숨고싶은 구석에 숨는다.

　술래가 30을 세면 숨은 친구들을 찾는다.

　술래가 친구들을 다 찾으면 맨 먼저 찾은 사람이 술래가 된다.

　주요해야 할점은 술래가 따른 사람을 찾고 친구가 ○○이는 어디있다고 말해준다면 말해준 친구는 벌칙을 받게되고 벌칙을 받은 친구가 술래가 된다. 그리고 숨은 친구들은 돌아다녀도 벌칙을 받게 된다. 마찬가지로 술래가 숨은 친구를 찾게 된다면 술래는 숨고 숨던 친구는 술래가 되는 것처럼 계속 그렇게 진행되는 재미있는 게임이다.

SE3414M

　제목 : 래스링 게임 재미있게 하면서 이기는법

　먼저 시작할 때 움직이지말고 적이 다가올때 배에다가 머리를 대 허리를 잡고 앞으로 밀고 벽에 꽈당! 붙이치면서 놓고 뒤로 떨어져서 쓰러질때 등이보이는대로 엎히고 등에 안자서 다리 원하는 다리 한 다리를 잡고 자기쪽으로 끌어당기고 10초가 지나면 놓고 상대가 일어설때 동안 쉬어서 기다린다. 일어쓰면 뛰어서 상대방뒤로 와서 목을 팔꿈치로잡고 옆으로 작게 돌리다가 그 다음은 쌔개 돌려 놓아주고 등을 발로 차서 배보이는대로 돌려서 마지막 기술커버를 건다. 커버는 코와입을막아서 배를 눌러서 엎어내 1,2,3을 불르면 게임 끝이다. 하지만 손과 다리를 이용하요 활키거나 발로등을 때려서 못참으면 다시 돌아가서 뛰면서 상대방에게 발로 차서 커버를 건다. 그리고 래스링게임을 할때 흉기나 물건을 가져와서 싸우면 반칙이고 그경기장안에서 있는 무기만 사용할수있다. 나는 그래스링을 티비에서 봤고 심판이 있으면 깨물기도 않된다. 심판이있는 래스링게임은 하기가 마음대로 못한다. 그중에서도 깨물기도 래스링할 때 심판이없으면 딱딱한 옷도 않된다. 심판이 없어야지 재미있다. 그래도 심판이 있어도 없어도 무기를 들고 오는것은 No~No다.

　안에서 있는 무기들만 사용할수있지 밖에 있는것은 못한다.

있다. 이를 위해 일원배치 분산분석을 사용하여 학년별 차이를 분석하였으며 결과는 <표 4-16>과 같다.

〈표 4-16〉 쓰기 태도의 학년별 차이

	제곱합	자유도	평균제곱	F	유의확률
집단-간	54.772	9	6.086	8.050	.000
집단-내	779.426	1031	.756		
합계	834.198	1040			

일원배치 분산분석의 결과 쓰기 태도는 F값이 8.050, 유의확률 .000로 나타나 학년별 차이가 통계적으로 유의한 것으로 드러났다. 이 결과에 따라 정확하게 어떤 학년과 어떤 학년 사이에서 쓰기 태도의 차이가 존재하는지 탐색할 필요가 있다. 따라서 사후검정을 통해 구체적인 학년의 차이를 확인하였으며, Duncan의 방법을 사용하였다. 사후검정 결과에 따라 10개 학년을 동일 집단군으로 분류하는 작업을 통해 쓰기 태도의 발달 지점을 확인하고자 하였다. 분석 결과는 <표 4-17>과 같다.

〈표 4-17〉 쓰기 태도의 발달 양상

학년	초3	초4	초5	초6	중1	중2	중3	고1	고2	고3
전체평균	3.8711	3.8164	3.5769	3.1905	3.3302	3.1935	3.2804	3.3006	3.1927	3.4439
동일집단	C	C	B	A	A B	A	A	A	A	A B

사후검정 결과, 쓰기 태도의 평균 점수를 기준으로 하여 3개의 집단이 확인되었다. 초등학교 6학년, 중학교 1, 2, 3, 고등학교 1, 2, 3학년이 1집단으로, 초등학교 5학년과 중학교 1학년이 2집단으로, 그리고 초등학교 3학년과 4학년이 3집단으로 분류되었다. 쓰기 태도가 가장 긍정적

인 학년은 3.8711점을 기록한 초등학교 3학년이며, 쓰기 태도가 가장 부정적인 학년은 3.1905점을 기록한 초등학교 6학년인 것으로 나타났다. 여기서 주목할 만한 것은 세 집단 중 평균 점수가 가장 낮은 1집단에 초등학교 6학년 이후의 모든 학년이 포함되었다는 것이다. 즉, 우리 나라 초등학교 3학년부터 초등학교 6학년까지 학생들의 쓰기 태도는 학년이 올라가면서 평균 점수가 하락하는 양상을 보이며, 초등학교 6학년 이후로는 거의 변화가 없다고 할 수 있다. 구체적으로 급격한 부적 발달이 이루어지는 학년은 초등학교 5학년과 초등학교 6학년으로 확인되었다. 전체적인 쓰기 태도의 발달 양상을 보다 명확하게 파악하기 위해 도표로 나타내면 [그림 4-3]과 같다.

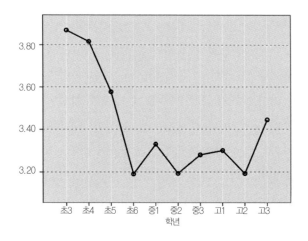

[그림 4-3] 쓰기 태도의 발달 양상

[그림 4-3]에 따르면 쓰기 초등학교 3학년 때 높았던 쓰기 태도가 초등학교 5학년과 6학년에서 급속하게 하락하고, 중학교 1학년 때 다소 상승하지만 중학교 2학년에서 고등학교 2학년까지 다시 낮아지다가 고

등학교 3학년에 와서 초등학교 5학년이나 중학교 1학년 수준으로 만회되는 모습을 보인다. 전체적으로는 초등학교 5학년 때 한 번, 6학년 때다시 한 번 부정적으로 변화한 쓰기 태도가 고등학교 3학년까지 유사한상태로 지속된다고 할 수 있다.

이와 같은 결과는 선행 연구에서도 확인할 수 있다. 초등학교 6학년에서 고등학교 1학년을 대상으로 쓰기 태도의 변화를 조사한 가은아(2010a)의 연구에서 쓰기 태도의 차이를 발견할 수 없었던 것도 6학년에서 고등학교 3학년까지의 학생들이 동일한 쓰기 태도를 지니고 있다는결과와 일치한다. 또한, 초등학교 학생들을 대상으로 저학년과 고학년이쓰기 태도에서 차이가 있고, 초등학교 고학년의 쓰기 태도가 부정적임을 밝힌 윤준채(2009)와 고등학생의 쓰기 태도에 학년별 차이를 발견하지 못한 오택환(2009)의 연구도 이 연구의 결과를 지지한다.

쓰기 태도가 부정적으로 변화하는 현상은 쓰기 교육의 차원에서 주목해야 할 문제이다. 교육적 의도에 의하면, 학년이 증가하고 쓰기에 대한교육 경험이 많아질수록 긍정적인 쓰기 태도가 형성되어야 함에도 불구하고, 학생들이 긍정적인 쓰기 태도를 형성할 기회를 제공받지 못하고있음을 의미하기 때문이다. 초등학교 5학년과 6학년 때 손상된 쓰기 태도가 학교 교육이 이루어지는 내내 처음 수준으로 회복되지 못한 채 졸업을 하게 된다는 사실은 생애 필자를 지향하는 쓰기 교육에 던지는 물음이 크다고 하겠다.

Boscolo & Gelati(2007)는 초등학교 저학년에서 쓰기를 즐기는 많은 학생들이 결국 초등학교 고학년이나 중학교에 들어가는 시기에 이르면 쓰기를 싫어하거나 피하게 된다는 것을 지적한다. 이는 학년에 따른 정의요인의 변화를 탐색한 연구들에서 전반적으로 확인되는 양상이기도 하다. 동기 신념 또한 학교를 다니면서 계속해서 변하고 발달하게 되는데,

학교 입학 초기에 가장 긍정적이고, 이후 지속적으로 하강하는 모습이 일반적으로 나타난다(Anderman & Maehr 1994).

이와 같이 초등학교 5학년과 6학년에서 쓰기 태도가 부정적으로 변하는 데에는 긍정적인 쓰기 태도의 형성과 강화를 방해하는 요인이 이 시기에 크게 작용하고 있음을 말해준다. 그러한 방해 요인으로 말미암아 쓰기 과정이나 결과에서 심리적인 충족감을 얻지 못한 데 따른 결과로 추정할 수 있다. 실제로 2004년에서 2008년에 실시된 학업성취도 평가 결과에 의하면 학년이 올라감에 따라 기대되는 성취수준이 높아지지만 이에 도달하는 정도는 고학년일수록 낮아지는 것을 볼 수 있다(정은영 외 2009). 5, 6학년이 되면서 저학년에 비해 인지적 부담이 큰 쓰기 수행의 요구에 맞닥뜨리게 되고, 이를 수행하는 과정에서의 실패 경험이 누적됨에 따라 긍정적인 쓰기 태도가 훼손되었을 가능성이 크다.

한편, 현행 국가 수준의 평가제도 또한 일정 부분 학생들의 쓰기 태도를 부정적으로 변화시키는 데에 작용했을 가능성이 있다. 특히 학업성취도 평가의 경우 원래의 취지와는 다르게 평가의 결과가 변용되면서, 평가 대상인 초등학교 6학년 학생들의 대다수는 무리하고 비정상적인 학습을 요구받게 되었다. 학생들의 동기나 흥미를 충분히 고려하면서 쓰기 발달을 촉진시키지 못한 채, 점수를 올리기 위한 암기와 문제풀이 위주의 파행적 수업으로는 긍정적인 쓰기 태도를 형성할 수 없었을 것이다. 그리고 그 여파는 이전 학년인 초등학교 5학년에도 미쳤으리라 예상할 수 있다.

(2) 쓰기 태도 하위 구성 요인별 분석

▌효능감

쓰기 태도의 제1요인으로 분석된 '효능감'은 자신이 잘 쓸 수 있다는 신념 또는 수행의 결과가 만족스러울 것이라는 기대를 포함한다. 효능감과 관련한 문항으로 '나는 글을 쉽게 쓸 수 있다. 나는 학교에서 쓰는 글에 좋은 점수를 받을 수 있다. 나는 내가 쓴 글이 평가되는 것이 두렵지 않다.' 등이 포함되었다.

〈표 4-18〉 효능감 발달 양상

학년	초3	초4	초5	초6	중1	중2	중3	고1	고2	고3
효능감	4.1395	4.0414	3.8823	3.4828	3.4365	3.3744	3.3565	3.2843	3.2763	3.3997
동일 집단	B	B	B	<u>A</u>	A	A	A	A	A	A

초등학교 3학년에서 높았던 효능감은 고등학교 2학년까지 지속적으로 감소하였다가 최종 학년인 고등학교 3학년 때 소폭 상승하는 모습을 보였다. 사후검정 결과에서는 쓰기 태도의 하위 구성 요인으로서의 효능감은 두 개의 집단으로 분류되었다. 초등학교 3, 4, 5학년이 하나의 집단으로 묶였으며, 초등학교 6학년부터 고등학교 3학년까지의 7개 학년이 다른 하나의 집단으로 묶였다. 효능감은 초등학교 6학년에서 급격하게 낮아지는 부적 발달 지점이 확인되어, 전체적인 쓰기 태도 양상과는 다소 차이가 있다. 이를 도표로 나타내면 [그림 4-4]와 같다.

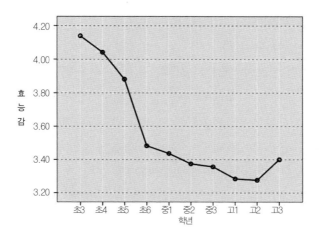

[그림 4-4] 효능감 발달 양상

이와 같은 결과는 학생들의 쓰기 효능감이 초등학교에서 중학교로 진급해 감에 따라 감소하고, 고등학교를 다니는 동안에는 그 수준에 머물러 있다는 것을 밝힌 Pajares et al.(2007)의 연구와도 일치한다. 자기효능감 정보는 다른 사람들의 피드백에서뿐만 아니라, 심리적 지표들을 포함하는 자신의 수행으로부터도 획득된다(Hidi & Boscolo 2006).

쓰기에 대한 효능감이 지속적으로 낮아지게 된 원인으로 먼저 쓰기 경험의 부족을 꼽을 수 있겠다. 초등학교 때에는 쓰기를 직접 수행할 수 있는 기회가 많지만 중·고등학교 시기에는 글을 써 볼 수 있는 기회가 상대적으로 적어진다. 따라서 쓰기 수행에 적게 참여함으로써 쓰기에 대한 자신감이 결여되고, 그 성과에 대해서도 확신하지 못하는 것이다. 실패 경험도 효능감을 떨어뜨리는 원인으로 작용할 수 있다. 쓰기 수행에 대한 실패 경험이 누적되어 생긴 학습된 무력감이 학생들의 쓰기에 대한 효능감을 낮추었다고 볼 수 있다. 또한, 초등학교 고학년 시기는 일반 발달의 특성상 사회적인 비교가 활발해지는 시기로 자신의 쓰기 능력에 대해 객관적으로 인식하게 되면서 효능감이 부정적으로 변화한 것으로도 추정할 수 있다.

쓰기 효능감은 쓰기 성취를 예측할 수 있는 매우 중요한 지표가 된다. 무조건 효능감이 높은 학생이 글을 잘 쓴다는 것을 의미하는 것은 아니라, 지적 기능이나 쓰기 환경 등의 조건이 동일하다면 효능감이 높은 학생이 수행을 성공적으로 마칠 가능성이 높음을 의미한다. Bandura(1997)에 따르면 성공 경험이나 의미 있는 타자의 언어적 설득으로 효능감이 충족될 수 있다. 학생들에게 성공 경험을 줄 수 있는 쓰기 환경을 조성하고 교사나 동료들의 긍정적인 피드백, 격려나 칭찬이 수반될 때 학생들의 효능감이 상승할 수 있을 것이다. 쓰기 효능감이 급격하게 감소하면서 부정적인 발달을 보이는 초등학교 6학년을 비롯하여 모든 학년에 걸쳐 쓰기에 대한 효능감을 강화하기 위한 다양한 교육적 접근이 시도되어야 할 것이다.

▌ 자기표현 및 공유

다음으로는 쓰기 태도의 제2요인으로 확인된 '자기표현 및 공유'에 대하여 발달 양상을 분석하였다. 자기표현 및 공유는 쓰기를 통해 자신을 표현하고 다른 사람과 교류하는 것과 관련한 태도를 가지는 것으로 '나는 나에게 일어난 일에 대해 글을 쓰는 것이 좋다. 나는 내 생각을 적는 것을 좋아한다. 나는 더 좋은 글을 쓰기 위해 다른 사람들과 내 글에 대해 이야기한다.' 등의 문항이 포함되었다.

〈표 4-19〉 자기표현 및 공유의 발달 양상

학년	초3	초4	초5	초6	중1	중2	중3	고1	고2	고3
자기표현 및 공유	3.8524	3.8639	3.6448	3.2385	3.4478	3.3834	3.4584	3.4214	3.3084	3.5155
동일 집단	C	C	<u>B</u>	A	A B	A B	A B	A B	A	A B

  사후검정 결과 초등학교 3학년과 4학년이 하나의 집단으로, 초등학교
5학년, 중학교 1, 2, 3학년 고등학교 1, 3학년이 다른 집단으로, 그리고
초등학교 6학년, 중학교 1, 2, 3학년과 고등학교 1, 2, 3학년이 또 다른
집단으로 분류되었다. 한편 초등학교 5학년 때 통계적으로 유의한 차이
를 보이며 평균 점수가 하락하고 다시 초등학교 6학년 때도 통계적으로
유의한 차이를 보이면서 평균 점수가 하락하고 있음을 알 수 있다. 즉,
초등학교 5학년과 초등학교 6학년은 앞선 학년과 다른 집단으로 분류되
었으며, 두 학년에서 급격한 부적 발달 지점이 확인되었다. 이러한 결과
를 도표로 나타내면 [그림 4-5]와 같다.

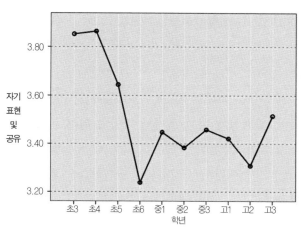

[그림 4-5] 자기표현 및 공유의 발달 양상

자기표현 및 공유와 관련한 쓰기 태도는 6학년 이후부터 고등학교 3학년까지 동일한 집단으로 묶이면서 거의 변화가 없었으나 초등학교 6학년과 고등학교 2학년은 다른 학년보다 더 낮은 점수를 보였다.

이러한 양상은 현장에서의 대부분의 쓰기 활동이 평가를 위해서 실시되고 있기 때문으로 여겨진다. 등급을 매기기 위한 일회적인 자료를 확보하기 위해 쓰기 활동을 한다면, 학생들은 글을 쓰는 과정에서 의의를 발견하기 어려울 수밖에 없다. 또한, 자신의 글을 다른 사람과 공유할 기회도 없고 다른 사람의 반응을 반영하여 다시 고쳐 쓸 필요도 없게 된다. 따라서 쓰기 행위가 자신을 표현하면서 다른 사람과 진정한 소통을 이루는 데 중요하다는 인식에서 멀어지게 되는 것이다.

최근 쓰기 워크숍이나 협동 작문 등 학생과 학생, 학생과 교사의 상호작용을 강조하는 쓰기 활동이 주목을 받고 있다. 이들 활동에서 학생들은 필자이면서 동시에 독자가 되고, 아이디어 제공자이면서 동시에 건전한 비평가가 될 수도 있다. 학생들의 삶에 쓰기가 긴밀하고도 의미 있게 연결되고, 쓰기를 통해 소통의 만족감을 체험하게 될 때 긍정적인 쓰기 태도를 기대할 수 있을 것이다.

■ 중요성 인식

쓰기 태도의 제3요인으로 분석된 '중요성 인식'과 관련한 발달 양상을 탐색하였다. 중요성 인식은 쓰기가 학업의 성취나 삶에서 꼭 필요하고 중요하다는 것을 인식하는 것으로 '나는 글쓰기가 나의 생각을 표현하는 데 중요한 방법이라고 생각한다. 나는 학습을 위해 글쓰기가 필요하다고 생각한다. 나는 글쓰기가 나를 돌아보게 하는 기회를 준다고 생각한다.' 등의 문항을 포함하였다. 쓰기에 대한 태도는 단순히 쓰기를 좋아하고 싫어하는 차원을 넘어서서 쓰기의 효용성에 대한 인식을 토대로 긍정적인 정서를 형성하는 것으로 확대될 필요가 있다.

〈표 4-20〉 중요성 인식의 발달 양상

	초3	초4	초5	초6	중1	중2	중3	고1	고2	고3
중요성 인식	3.9516	3.9628	3.8318	3.3396	3.5947	3.4290	3.6173	3.7244	3.6776	4.0348
동일 집단	D E	D E	C D E	A	A B C	A B	A B C	B C D	B C D	E

쓰기 태도의 중요성 인식은 5개의 집단으로 분류되었는데, 평균 점수
가 가장 낮은 초등학교 6학년과 평균 점수가 가장 높은 고등학교 3학년
을 제외하고 모든 학년에서 두 세 집단에 걸쳐 있는 것을 발견할 수 있
다. 중요성 인식은 다른 요인들에 비해 비교적 많은 집단으로 분류되었
고, 초등학교 6학년 때 쓰기에 대한 중요성 인식이 급격하게 낮아지나,
일정한 발달 양상은 보이지 않는다. 이는 전체 쓰기 태도나 다른 하위
구성 요인의 발달 양상과 다르다고 할 수 있다. 이를 도표로 나타내면
[그림 4-6]과 같다.

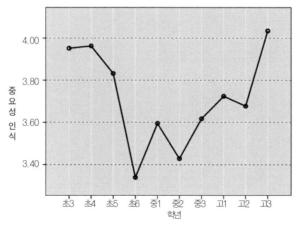

[그림 4-6] 중요성 인식의 발달 양상

중요성 인식은 초등학교 3, 4, 5학년 때 긍정적이었다가 초등학교 6학년을 기점으로 급격하게 낮아졌으며, 이러한 양상이 중학교 3학년까지 이어지다가, 고등학교 1, 2학년에서 다소 상승하는 것으로 나타났다. 쓰기가 학업이나 직업적 성공 혹은 자신의 생각을 명확히 하거나 자신을 성찰하는 데 중요한 기능을 한다는 인식이 고등학교 3학년에서 초등학교 3, 4학년의 수준을 넘어서는 것을 확인할 수 있다. 다른 요인과는 달리 중요성 인식이 고등학생 특히 고등학교 3학년에서 눈에 띄게 높아지는 것은 입시나 취업과 관련하여 쓰기의 중요성을 실제로 체감하게 되었기 때문으로 여겨진다.

Knudson(1995)은 대다수의 부모들은 학교나 직업에서의 성공에 쓰기가 중요한 역할을 한다는 것을 인식하고 있으나, 그것을 자녀들에게 인식시키지 않기 때문에 학생들이 쓰기의 중요성을 제대로 깨닫지 못한다고 지적한다. 쓰기의 중요성을 인식하면 도전적인 과제를 만났을 때 쉽게 포기하지 않으며, 스스로를 격려하면서 어려움에 탄력적으로 대처하고자 하는 의지를 가지게 된다. 교사와 부모들은 학생들의 현재와 미래의 삶에 쓰기가 중요한 역할을 할 수 있음을 인식시키고 학생들 스스로 깨달을 수 있는 기회를 제공하는 것이 필요하다. 학생들에게 쓰기가 사회나 과학 등의 내용 교과 학습에 적극적으로 활용될 수 있고, 자신을 성찰하고 인간관계를 맺고 유지하는 데 중요한 역할을 한다는 것과 미래에 직업인으로서 사회적 삶을 영위하는 데에도 유용하게 쓰일 수 있다는 것을 강조해야 할 것이다.

▌ 선호

쓰기 태도의 하위 구성 요인 중 제4요인으로 분석된 '선호' 요인에 대한 발달 양상을 살펴보았다. 선호 요인은 '나는 글 쓰는 시간이 기다려진다. 나는 집에 있을 때 주로 글(내가 스스로 쓰고 싶어서)을 쓴다. 나는 글

쓰기를 좋아한다.' 등의 문항이 포함되었다. 이 요인은 쓰기를 좋아하고 쓰기에 즐겨 참여하려는 태도와 관련된다.

<표 4-21> 선호의 발달 양상

	초3	초4	초5	초6	중1	중2	중3	고1	고2	고3
선호	3.3626	3.1505	2.7279	2.4630	2.6857	2.4068	2.5891	2.6416	2.3167	2.6609
동일집단	C	C	B	A B	B	A B	A B	B	A	B

쓰기 태도의 선호 요인은 3개의 집단으로 분류되었으며, 초등학교 3, 4학년이 동일 집단으로, 초등학교 5, 6학년과 중학교 1, 2, 3학년 그리고 고등학교 1, 3학년이 동일 집단으로, 초등학교 6학년, 중학교 2, 3학년, 고등학교 2학년이 동일 집단으로 확인되었다. 집단의 분류에서 보이듯이 초등학교 5학년이 급격한 부적 발달의 지점인 것으로 파악되었다. 초등학교 5학년 이후에는 낮은 수준으로 형성된 쓰기에 대해 선호가 지속되고 있다고 할 수 있다. 사후검정 결과의 이해를 돕기 위하여 도표를 제시하면 [그림 4-7]과 같다.

쓰기 태도의 다른 하위 구성 요인이 초등학교 6학년에서 급격한 부적 발달을 보인 반면, 선호 요인은 초등학교 5학년에서 이러한 현상이 나타난다. 즉, 다른 요인보다 더 이른 시기에 쓰기를 선호하는 태도가 부정적으로 바뀌고 있다는 것을 알 수 있다. 학생들이 쓰기를 싫어하는 데에는 여러 가지 원인이 있을 수 있다. 다른 쓰기 태도 구성 요인에서와 마찬가지로 쓰기 수행이 학생들에게 의미 있는 활동이 되지 못하기 때문이기도 하고, 쓰기 자체가 워낙 인지 부담을 크게 요구하여 성취해 내기 어렵기 때문이기도 하다. 쓰기를 싫어하면 수행하지 않으려고 하기 때문에 쓰기 능력의 향상이 어렵고 미숙한 쓰기 능력은 다시 쓰기를 더욱 싫어하게 만드는 기제로 작용하게 된다.

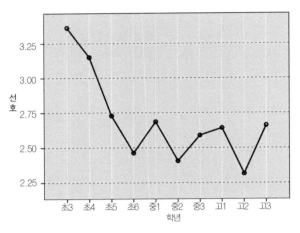

[그림 4-7] 선호의 발달 양상

쓰기 교육은 궁극적으로 쓰기를 즐겨함으로써 삶을 보다 풍요롭게 영위하는 생애 필자를 지향한다. 그러나 지금껏 쓰기 교육에서 학생들은 전문 필자가 가진 쓰기 능력을 갖추고 따라가야만 할 미숙한 필자로 여겨졌고, 주체적으로 글을 쓰고 해석하고 소통할 수 있는 필자로 대접받지 못하였다. 학생 개개인이 주체로서 내는 목소리에 귀를 기울이지 못한 탓에, 학생들에게 쓰기는 특별한 능력을 지닌 사람들만이 영위하는 특별한 활동으로 인식되었다. 쓰기 교육은 학생들에게 좀 더 즐겁고 행복한 활동으로 다가갈 필요가 있다. 그러자면 학생들에게 의미를 구성해 내는 사고 활동 자체에서 즐거움을 느낄 수 있도록 해야 하고, 쓰기 결과물을 통해 성취감을 맛볼 수 있도록 해야 한다. 그리고 담화 공동체와의 구성원으로서 우호적이고 진정성 있는 소통을 통해 내적 충족감으로 느낄 수 있도록 실천되어야 할 것이다.

제 5 장

쓰기 교육의 실천

실천 1 **구두 작문 적용하기**   • • •

(1) 구두 작문의 의의

글을 쓰면서 대부분의 사람들은 인지적 부담을 느낀다. 그 이유 중의 하나는 머릿속에서 표상한 것과 글로 써 내는 것 사이에 시·공간적 간극이 발생하여 표상한 내용을 온전히 기억하기 어렵기 때문이다. 특히 미숙한 필자일수록 글을 쓸 때 문법 규칙을 지켜야 한다는 압박 때문에 전사(transcription)의 어려움을 호소하는 경우가 많다. 이러한 표상과 표현의 간극에서 발생하는 인지적 부담과 심리적 부담을 줄일 수 있는 방법 중의 하나가 구두 작문이다. 구두 작문은 글로 쓰는 대신 말로 작문을 하는 것이다. 생각나는 것을 바로바로 말로 풀어내기 때문에 글로 쓸 때 발생할 수 있는 망각이나 왜곡 등을 줄일 수 있다. 또한 정교한 문법 규칙을 지키지 않아도 되기 때문에 맞춤법이나 띄어쓰기 등의 형식적인 요소에 쏟아야 하는 인지적 노력을 의미를 구성하는 데 더 많이 할애할 수 있다.

구두 작문의 또 다른 이점으로는 구두 작문을 통해 실질적인 의사소통을 경험할 수 있다는 점이다. 구두 작문은 말하기 상황과 유사하게 누군가 듣는 사람이 있고, 듣는 이의 반응을 즉각적이고 지속적으로 확인하면서 의미를 구성할 수 있어서 일반 작문보다 역동적인 의사소통이 가능하다. 구두 작문의 과정에서 교사는 사고의 흐름이 막힌 학생들에게 그것을 해결할 수 있는 단서를 제공해 주거나, 내용 생성을 도울 수 있는 대화 상대자가 되어 학생들이 자연스럽게 의사소통의 장에서 주체가 될 수 있도록 지원하는 역할을 한다.

일반적인 구두 작문에 자기 질문 전략을 접목함으로써 학생들의 인지적, 심리적 부담을 상당 부분 줄일 수 있다. 자기 질문은 작문을 하는 과정에서 스스로에게 질문을 던짐으로써 필자에게 맞닥뜨린 문제를 확인하고 해결방안을 찾는 자기 조정의 한 전략이다. 글을 쓰면서 떠오르는 모든 사고를 말로 표현하는 사고 구술과는 달리 능숙한 필자가 아니더라도 비교적 어렵지 않게 쓰기에 적용할 수 있다.

학생들은 자기 질문을 통해 자신의 작문 내용을 지속적으로 점검하면서 어색하거나 부족한 부분을 찾아내기도 하고, 문제를 해결하기도 하며, 스스로에게 격려와 칭찬을 해 줄 수도 있다. 특히, 구두 작문은 준비된 글을 단숨에 외워서 발표하는 것이 아니기 때문에, 내용이 잘 생각나지 않거나, 제대로 된 내용을 말하고 있는지, 앞으로 무슨 내용을 더 말해야 할지, 빠진 내용은 없는지 등과 관련하여 내용을 생성하는 데 자기 질문 전략이 유용하게 쓰일 수 있다.

자신의 말을 진지하게 들어주는 사람이 있다는 점, 의미를 구성하는 데 전문가의 도움을 받을 수 있다는 점, 구두 작문의 내용이 초고 쓰기로 이어질 수 있어 보다 수월하게 내용을 생성할 수 있다는 점 등은 쓰기 능력의 향상을 도울 수 있다. 그뿐만 아니라 학생들에게 실제적인 의사소통을 경험할 수 있게 하고 즐겁게 작문할 수 있는 기회를 제공하여 정의적 측면에서 충족감을 주기에도 충분하다.

구두 작문은 초고를 쓰기 전에 내용생성을 위한 전략으로 주로 사용되나, 초고 쓰기의 역할을 대신하여 쓰기 과정이나 결과의 평가에서 직접적인 대상이 되기도 한다. 주로 초등학교 저학년에서 구두 작문의 효과가 검증되어 왔는데(변순자 2008; 신은정 2011), 초등학교 고학년이나 중등학교에서도 구두 작문이 유용한 전략으로 활용될 수 있도록 다각적인 연구가 필요하다.

(2) 구두 작문의 지도 내용

학생들에게 쓰기 전략을 익히게 하는 데는 현시적으로 지도하는 것이 효과적이다(Graham & Perin 2007). 따라서 구두 작문에 대한 지도 방법으로 직접 교수법을 적용하여 학생들에게 구두 작문을 익히도록 한다. 특히 일반적인 구두 작문이 아니라 자기 질문과 대답을 구두 작문에 활용하면서 구두 작문을 수행하도록 의도하고 있으므로, 지도 내용에서 이를 강조한다.

▌ 설명하기

먼저 구두 작문 및 자기 질문·대답이 무엇인지, 왜 필요한지에 대해 소개하고, 구두 작문을 하는 방법에 대해 설명한다. 이때 자기 질문의 예를 자료로 제시하여 자기 질문·대답 활동에 대한 학생들의 이해를 돕는다. 학생들은 처음에는 자기 자신에게 질문하고 혼자 대답을 하는 것을 낯설어 하고 어색해 하지만, 수업이 진행되면서 굉장히 흥미로워한다. 질문은 쓰기 과제를 구체화할 수 있는 것, 내용 생성에 도움이 되는 것, 글의 조직을 강화하는 것, 자신을 격려하는 것 등을 사용할 수 있다.

[자기 질문 자료의 예]

- 내 글을 누가 읽지?
- 무엇을 설명하는 거지?
- 어떤 방법(전개 방법)으로 설명하면 좋을까?
- 내가 말하고 싶은 게 뭐지?
- 처음은 어떻게 시작할까?
- 뭐 빠진 건 없나?
- 독자가 알고 싶어 하는 게 더 없을까?
- 설명문을 쓰는 게 맞지?
- 앞부분에 더 보태야 하는 건 없나?
- 더 말해 줄 게 있을까?
- 이만하면 잘 해 왔지? 더 해볼까?
- 좀 더 말하고 싶은데 그게 뭔지 정확히 모르겠네. 어떻게 하지?
- 어느 부분을 자세히 설명할까?
- 마무리는 어떻게 할까?

■ 시범 보이기

능숙한 필자로서 교사는 시범 보이기를 통해 학생들에게 전략을 사용하는 방법을 구체적으로 알려 줄 필요가 있다. 학생들은 교사를 능숙한 필자의 모델로 삼아 전략이 필요한 상황을 파악하게 되고, 전략을 사용하는 방법을 숙지하고 내면화하게 된다. 이 단계에서는 구두 작문과 자기 질문·대답에 대한 설명을 마친 후 자기 질문·대답을 활용하여 구두 작문을 하는 방법을 직접 시범 보인다. 처음에는 조금씩 나누어서 시범을 보인 후 처음부터 끝까지 연결하여 구두 작문을 수행하는 과정을 보여 준다.

뭐에 대해 말해야 하지? 김치에 대한 설명이지. 독자는 누구냐 하면? 김치에 대해 잘 모르는 사람이니까 쉽게 설명해야겠어. 처음 시작은 어떻게 하면 좋을까? 관심을 끌 수 있도록 질문으로 하면 어떨까. 여러분은 김치에 대해 알고 있나요? 음, 김치를 좋아하시나요? 김치는 우리나라 전통 음식입니다. 김치는 주된 재료에 따라 배추김치, 무김치, 파김치, 고들빼기김치, 오이김치 등으로 나눌 수 있습니다. 이들 김치는 주재료는 다르지만 기본적인 양념은 거의 같습니다. 배추김치의 경우 배추, 무, 고춧가루, 소금, 파, 갓, 마늘, 생강, 젓갈 등의 재료가 필요합니다. 그 다음 얘기할 건? 방법! 김치를 담그는 방법은 우선 배추 뿌리 쪽을 기준으로 2조각, 배추가 클 경우 4조각으로 자른 후 소금물에 절여 놓습니다. 음 음, 배추를 절이는 동안에 속을 만듭니다. 속을 만드는 법도 말할까? 그래, 그러자. 너무 길어지면 빼야지. 배추김치에 들어가는 속을 만들기 위해 무는 채를 썰고 파와 갓은 어슷하게 썰어 놓습니다. 썰어 놓은 채소와 고춧가루, 준비한 양념을 넣고 버무리면 속이 완성됩니다. 배추가 적당히 절여지면 꺼내어 잘 씻은 후 물기를 빼 줍니다. 그런 다음 배춧잎을 한 장씩 들어가면서 속을 골고루 발라주면 김치가 완성됩니다. 잘하고 있나? 그래! 음 그 다음엔, 이제 김치에 대해 더 말할 건 뭐지? 김치가 건강에 좋다는 것을 말하면 되겠다. 김치는 또한 건강에 좋습니다. 김치는 발효하면서 젖산균이 많이 생기는데 이 젖산균이 장을 튼튼하게 하고 소화를 도와줍니다. 고춧가루의 효능에 대해서 더 쓰고 싶은데 정확히 모르겠네. 어떻게 하지? 이건 백과사전에서 찾아보자.

<후략>

▋ 연습하기

학생들은 교사의 시범을 보고, 교사가 제시한 화제에 대해 구두 작문을 연습한다. 연습하기에는 직접적인 활동 외에 학생들의 지식을 정교화하기 위해 교사의 설명이나 교사가 시범 보인 내용에 대해 학생들에게 질문을 하는 것을 포함한다. 구두 작문은 사고 구술법과는 달리 말을 하면서 동시에 쓰기를 진행하지 않아도 되기 때문에 학생들이 크게 어려워하지는 않았지만, 필요한 경우 쓰기에 대한 부담을 느끼지 않을 정도에서 메모하는 것을 허용한다.

한편 학생들이 써야 할 과제가 정확한 정보를 독자가 이해하기 쉽게 전달해야 하는 설명문일 경우 주제와 관련한 학생들의 지식이나 정보가 부족한 경우가 많이 발견된다. 이때 구두 작문을 통해 이를 인지할 수 있도록 질문을 구안하여 활동하는 데 도움을 준다.[25] 교사는 학생들이 구두 작문을 연습하는 과정을 확인하면서, 적극적인 대화 상대자로서의 역할과 함께 내용 생성에 필요한 단서를 제공해 주는 안내자로서의 역할을 한다.

▌독립적 수행하기

'연습하기'의 단계에서는 교사의 도움을 받으면서 구두 작문을 수행한다면, '독립적 수행하기' 단계에서는 점차 교사의 도움 없이 자율적으로 구두 작문을 수행한다. 대부분의 학생들은 구두 작문을 재미있어 하며, 적극적으로 활동하는 모습을 보인다.

[구두 작문 전사 자료의 예]

> 내가 잘 아는 것은요? 음, 좋아하는 건 많은데 게임이랑 가수랑 어어, 배드민턴? 배드민턴을 잘 알긴 하는데. 그럼. 저는 배드민턴에 대해 알려주고 싶습니다. 배드민턴 선수라서. 배드민턴 서브는 그런데 어, 배드민턴, 배드민턴은 숏, 롱, 하이롱 서브가 있어요. 서브가 뭐냐 하면, 아니 숏은 짧게 넣는 것이고, 롱은 길게 넣는 것이고 하이롱은 더 높고 길게 넣는 것입니다. 공격은, 어, 공격은 복식을 칠 때 복식이 뭐냐 하면 두 사람이

---

25) 구두 작문을 통해 주제와 관련한 지식이나 정보가 부족한 학생이 발견되면, 초고를 쓰면서 부족한 내용을 더 마련할 기회를 주어야 한다. 실제 쓰기 수업에서는 구두 작문 후 초고를 쓰면서, 구두 작문에서 인지한 부족한 부분을 채울 수 있는 기회를 제공해야 할 것이다.

한 팀이 되는 거구, 그래서 앞에 있는 사람이 짧게 주면 상대가 공을 올리는데 그때 뒤에 있는 사람이 세게 공을 치는 것입니다. 그 다음은? 방어인데. 어, 방어는 말 그대로 방어인데 상대방이 강하게 칠 때 나는 그러지 말고 가볍게 살짝 넘기면 방어입니다. 또 스매싱을 잘하는 방법은, 스매싱이 방언가? 그냥 방어라고 하고, 공이 높이 뜨면 공을 잘 보고 몸을 뒤로 했다가 앞으로 가면서 치는 것입니다. 이렇게 하면서 쳐요. 팔을 쭉 피고 크게 휘두르는데 그래야 네트를 넘기고 파워가 강해서 좋기 때문입니다. 리시브도 있는데 리시브는 서브한 것을 받는 것입니다. 하이클리어랑 드롭샷도 있습니다. 또, 또 뭐냐 하면 또 뭐가 있냐 하면. 배드민턴을 하면 좋은 점도 말하면 되는데 건강한 거랑, 배드민턴을 계속 하면 건강이 좋아집니다. 이상으로 마치겠습니다.

[사후 검사 쓰기 수행 결과물의 예]

내가 좋아하고 잘 아는 것은 베드민턴이다. 베드민턴은 서브, 리시브, 등... 많은 것들이 있다.

먼저 서브에 대해서 설명하면, 서브는 숏, 롱, 드라이브, 하이롱 등이 있다. 숏은 서브를 짧게 하는 것이고 롱은 길게 하는것이다. 드라이브는 숏서브 자세로 길게 넣는 것이다. 하이롱은 더 높고 길게 하는 것이다.

다음은 공격이다. 복식에서 앞사람이 짧게 넘겨주면 상대는 올리게 된다. 여기서 복식은 두사람이 1팀이 되는 것이다. 올려주면 뒷사람이 올려진 공을 강하게 치는 것이다. 공격을 안다면 방어도 알아야 한다. 상대가 강하게 친다고 해서 나도, 강하게 치면 안된다. 그럴때는 상대가 강하게 친것을 채를 가볍게 대서 네트 앞으로 살짝 넘기는 것이 방어이다. 스메싱을 잘하는 방법은 우선 높이 뜬 공을 집중하여 끝까지 쳐다 보는 것이 처음이다. 두번째는 몸을 뒤로 기우렸다가 앞으로 가면서 치는 것이다. 그리고 팔은 곧게 펴서 크게 휘두르며 치는 것이 중요하다. 그이유는 높은 곳에 쳐야 네트를 넘길수 있고 크게 휘둘러야 강한 파워로 칠수있기 때문이다. 리시브는 상대가 서브 한 것을 받는 것이다. 숏으로 한것은 높고 멀리 올려 주거나 네트로 살짝 넘길수도 있다.

롱은 하이클리어로 올려주는 것이다. 여기서 하이클리어는 높고 멀리주는 것이다. 또 다른 것은 드롭샷이다. 드롭샷은 공이 유선형으로 네트로 떨어 지는 것이다. 그리고 베드민턴을 하면 다리, 허리, 팔 등... 많은 것들을 건강하게 해주고 폐가 좋아진다. 지금까지 베드민턴에 기술과 기본이다.

(3) 구두 작문의 효과

구두 작문은 초고를 쓰기 전에 보다 풍부한 내용생성을 위해 활용할 수도 있고, 글 대신 작문 평가의 대상으로도 활용할 수 있는 전략으로, 생각을 글로 써내는 대신 말로 함으로써, 필자의 인지적 부담을 줄일 수 있다. 구두 작문을 한 학생들은 그렇지 않은 학생들보다 내용을 생성하고 마련하는 능력이 뛰어나다는 것을 확인할 수 있다. 특히 학생들의 인터뷰에서 나온 "무슨 내용을 써야 할지 몰랐는데, 쓸 내용이 생각났다.", "내용을 많이 만들 수 있어서 좋았다.", "글만 쓸 때는 내가 뭘 써야 하는지 모르고 이것저것 썼는데, 먼저 말을 하니까 쓸데없는 내용은 안 쓰고 필요한 것만 쓰게 되었다." 등의 반응도 구두 작문이 글의 내용을 마련하는 데 긍정적 역할을 할 수 있다는 점을 뒷받침해 준다.

구두 작문은 작문을 해 나가는 과정과 결과를 교사가 직접 볼 수 있어서 즉각적인 반응과 피드백을 학생들에게 해 줄 수 있고, 구두 작문을 통해 학생들은 교사의 피드백을 참고하여 쓸 내용을 떠올리거나 글의 구조를 인식할 수 있다. 이 과정이 일반 작문보다 역동적으로 이루어지게 된다. 특히 자기 질문과 함께 이루어지는 구두 작문은 자신이 가진 지식이나 정보의 정도를 수시로 인지할 수 있어서, 글쓰기 과정을 스스로 점검하고 조절할 수도 있다. 이는 질 높은 텍스트의 생산으로 이어질 가능성이 높다는 점에서 매력적이다.

또한 구두 작문에 참여한 학생들은 쉽게 글을 쓸 수 있었고, 쓰기 활동이 즐거웠으며, 어떻게 써야 하는지 방법을 알게 되었다고 반응하였다. 인터뷰 자료의 분석과 관찰 결과를 토대로 볼 때에도 학생들은 구두 작문과 이를 바탕으로 한 초고 쓰기를 일반적인 작문보다 더 수월하게 여기고 재미있어 한다는 것을 확인할 수 있었다. 즉, 학생들은 구두 작문을 통해 첫째, 좀 더 쉽게 글을 쓸 수 있었다는 점, 둘째, 쓰기 활동이 즐거웠다는 점, 셋째, 어떻게 써야 하는지 방법을 알게 되었다는 점 등을 밝히고 있다. 인터뷰 자료에서도 잘 드러나듯이 정의적 측면에서 구두 작문의 가장 큰 효과는 글쓰기가 어렵지 않으며 재미있는 과정이라고 인식하게 되었다는 점이다. 이러한 점은 "(다음에) 또 하면 잘 할 수 있을 것 같다."는 학생의 말에서 드러나듯이 구두 작문을 통해 쓰기 효능감을 높일 수 있다는 측면에서도 고무적이다. 구두 작문이 쓰기 효능감을 높이고 긍정적인 쓰기 태도를 형성하는 데에도 도움이 되는 것으로 판단할 수 있다.

(4) 구두 작문 시 유의점

자기 질문을 활용한 구두 작문은 글의 내용을 풍부하게 생성하게 하고, 글쓰기에 대한 긍정적인 태도를 형성하는 데에 효과적인 전략이라고 할 수 있다. 하지만 긍정적인 연구 결과에도 불구하고 자기 질문 전략을 활용한 구두 작문을 현장에서 유용하게 활용하기 위해 극복해야 할 점들도 발견된다. 우선 구두 작문을 하는 데 시간이 많이 소요된다는 점이다. 직접 교수법을 통해 미리 전략을 가르친다고 해도 학생 개개인의 구두 작문을 듣고, 녹음하고 전사 자료를 확인하는 데에는 만만치 않은 시간이 필요하다. 특히 자기 질문을 활용한 구두 작문이 학생들에게 생소할 수 있기 때문에, 이에 대한 내면화 과정을 거쳐 학습 효과를 기대하려면 충분한 시간을 할애할 필요가 있다. 두 번째는 한 학생이 구두 작문을 하는 동안 다른 학생들에게 학습 결손이 생길 수 있다는 점이다. 구두 작문 시작 전에 쓰기 계획을 세우거나 구두 작문 후에는 초고 쓰기를 시작한다고 하더라도, 막상 구두 작문이 시작되면 교사는 구두 작문에 집중해야 하기 때문이다. 세 번째는 구두 작문을 할 때 인지한 부분들이 초고 쓰기에 반영되지 못할 수도 있다는 점이다. 구두 작문 후 기억을 돕기 위해서 초고 쓰기를 바로 들어가는 경우가 많은데, 이렇게 하다 보면 자신이 부족한 부분을 발견했어도 이를 보완할 기회를 갖지 못하게 된다.

이들 문제를 해결하기 위해 자기 질문 전략에 대한 충분한 지도가 이루어진 후 구두 작문에 적용하는 방안, 자기 질문을 활용한 구두 작문을 방과 후 프로그램 등에서 소수 인원을 대상으로 우선 적용하는 방안, 미리 학생들에게 구두 작문을 녹음해 오게 하고 녹음 자료를 들으면서 초고 쓰기를 하는 방안, 초고 쓰기 후에 자료를 찾을 수 있는 시간을 줌으로써 자신이 부족하다고 인지한 부분을 채울 수 있는 기회를 주는 방안 등을 고려할 수 있다.

실천 2 **인지주의 작문 이론 접목하기**   • • •

(1) 인지주의 작문 이론의 특징

인지주의 작문 이론은 작문 교육에 대한 새로운 관점을 제공하였다. 작문이 특별한 능력이 있는 몇몇 사람들의 전유물이 아니라, 누구든지 의미 구성의 주체로서 쓰기 수행에 참여할 수 있다고 여기게 되었다. 또한 유능한 필자들의 쓰기 행위를 분석하여 쓰기 과정에 유용한 전략들을 개발함으로써, 학생들의 실제적인 쓰기 수행에 도움을 주었다. 결과보다는 쓰기 과정을 중심으로 교육이 이루어져야 한다는 생각은 과정중심 작문 교육을 펼쳐내는 데 이론적 토대를 제공하기도 하였다. 반면 인지주의 작문 이론은 지나치게 단절적인 쓰기 기능을 강조했다는 점, 독자를 포함한 작문 맥락을 염두에 두지 않았다는 점, 필자의 정의적 측면을 배제했다는 점, 결과물로서의 텍스트를 소홀하게 여겼다는 점 등 교육적 한계를 보이기도 하였다.

(2) 인지주의 작문이론을 단서로 한 쓰기 교수학습 방안

▌지금까지 작성한 텍스트 읽기로 내용 생성하기

인지모형에서는 쓰기에 영향을 미치는 주요 요인으로 필자의 장기 기억, 과제 환경, 쓰기 과정을 꼽는다. '지금까지 작성한 텍스트'는 '수사학적 문제'와 더불어 필자를 둘러싼 과제 환경에 포함되어 있는데, 필자가 작성하고 있는 글이 쓰기 수행에 영향을 미친다는 것을 보여준다. 필자는 글을 써 내려가면서 자신이 작성한(작성하고 있는) 글을 읽고 참조하면서 의미를 완성해 간다는 것이다.

자신이 쓰고 있는 글을 되읽으면서 내용을 생성하느냐 그렇지 않느냐는 능숙한 필자와 미숙한 필자를 판단하는 기준이 되기도 한다. 능숙한 필자들은 글을 쓰면서 자신의 글을 계속하여 읽고 고치면서 새로운 의미를 생성한다. 불필요한 부분을 삭제하기도 하고 문단이나 문장의 순서를 바꾸어가면서 체계를 잡기도 한다. 그러나 미숙한 필자들은 글을 쓰기 시작해서 자신의 화제 지식이 동이 나면 쓰기를 멈춘다(Bereiter & Scardamalia 1987). 그들은 쓰기를 그만두기까지 자신이 쓴 글을 다시 들여다보는 경우가 거의 없다.

쓸 내용이 생각나지 않아 멈칫거릴 때, 순식간에 몇 줄만 써 놓고 그만 두려고 할 때, '지금까지 작성한 텍스트 읽기' 전략을 제안할 수 있다. 교사는 학생들에게 자신의 글을 소리 내어 읽으면서, 글을 쓰는 목적이 무엇인지, 어떤 주제로 글을 쓰고 있는지, 글을 읽을 사람은 누구인지를 떠올리게 한다. 그런 다음 더 추가해야 할 내용이나 빠뜨린 내용을 생각하게 한다. 처음에 학생들은 '내가 쓴 글이지만, 무슨 내용인지 모르겠다.'라든지, '읽어봐도 쓸 내용이 떠오르지 않다.'와 같은 반응을 보이곤 한다. 하지만 그러한 과정 중에서 필요한 내용을 검색하기도 하고, 누군가에게 조언을 구하기도 하며, 자신의 경험을 끄집어내기도 하면서 빈 내용을 채워갈 수 있다. 자신이 쓰고 있는 글을 읽어보는 활동은 학생들에게 좀 더 객관적이고 유연한 시각으로 자신의 글과 마주할 수 있는 기회를 제공한다. 이렇듯 지금까지 작성한 텍스트 읽기는 빈약한 내용을 채우는 데에 효과적인 방법이 될 수 있다.

▌ 자기 질문으로 작문 과제 인식하기

인지모형의 '작문 과정'에 제시된 조정하기(monitor)는 작문의 전 과정에 관여하면서 쓰기 목적을 정하기도 하고, 각 과정들이 언제 시작하고 언제 끝마치는지를 결정한다. 그뿐만 아니라 다양한 쓰기 전략들을 선택하고 적재적소에서 활용하는 데에도 중요한 기능을 한다.26) 상위인지로서 자신의 글쓰기 과정을 점검하고 평가하며 수정하도록 하는 조정하기가 구체적인 전략으로 실현되는 양상은 다양할 수 있다. 그중에서 '자기 질문'은 질문을 만들어 내고 답을 찾는 과정을 가시적으로 구체화할 수 있고, 해결해야 하는 범위도 자신의 능력에 맞게 조절할 수 있어서

---

26) 2009 개정 국어과 교육과정 중학교 1~3학년군의 쓰기 영역에서도 '주제, 목적, 독자를 고려하여 쓰기 과정을 계획하고, 점검하고 조정한다.'라는 성취기준을 제시하였다. 이는 결과물로서의 글 자체뿐만 아니라, 작문 맥락에 대한 이해를 바탕으로 하여, 작문의 과정을 총체적으로 인식하고 자기 주도적으로 다룰 줄 아는 상위인지 능력의 중요성을 강조하고 있다.

유용하다.

교사는 학생들의 쓰기 능력을 충분하게 이끌어낼 수 있도록 작문 과제를 구안하여야 하는데, 작문과제에는 기본적으로 글의 화제, 글의 유형, 독자가 제시되고 여기에 작문 상황과 필자의 역할 등이 부가되기도 한다(Strong 2006). 그렇기 때문에 학생들은 필자의 의도를 보다 선명하고 명확하게 드러낼 수 있도록 자신이 수행해야 하는 작문과제를 분석할 필요가 있다. 화제가 무엇인지, 독자가 누구인지, 글을 쓰는 목적이 무엇인지, 어떤 유형의 글을 써야 하는지, 어떤 역할을 하면서 글을 써야 하는지 등을 제대로 알아야 쓰기를 시작할 수 있기 때문이다.

작문과제가 제시되자마자 쓰기 시작해서 금방 쓰기를 그만둔다거나, 무엇을 어떻게 시작해야 하는지 어려움을 느끼는 학생들에게 '자기 질문으로 작문과제 인식하기' 전략을 제안할 수 있다. 많은 학생들은 작문 과제를 받으면 작문 과제에 대해 분석하는 과정 없이 곧바로 글쓰기를 시작하곤 한다. 그렇다보니 주제에서 벗어난 엉뚱한 내용이 튀어 나오기도 하고, 독자가 누구인지 존댓말이 됐다가 반말이 되기도 하며, 설명을 하는 것인지 자신의 감정을 표현하는 것인지 아리송한 글이 전개되기도 한다. 그러한 학생들일수록 글을 쓰기 전에는 물론이고 글을 쓰는 도중에도 수시로 스스로 질문하고 대답하면서 작문 과제에서 요구하는 것을 파악할 필요가 있다. 작문 과제와 관련한 질문의 답을 찾고, 그것을 글에 담아내려는 노력을 거칠 때에라야 보다 수월하게 작문 활동을 할 수 있다. 다만 단순하게 질문으로 과제를 분석하는 데 그치는 것이 아니라, 과제에 대해 스스로에게 설명함으로써 과제에서 요구하는 바를 정교화할 수 있어야 한다. 작문 과제를 제시할 때 질문을 할 수 있는 공간을 함께 주고, 스스로 질문을 만들지 못하는 학생들을 위해서는 체크리스트나 메모 시트를 함께 제공해 주면 좋을 것이다.[27]

■ 사고구술로 작문 과정 점검하기

사고구술(think aloud)은 인지 심리학자들이 작문을 활용하여 인간 사고의 양상을 추적하고자 사용했던 연구 방법이다. 사고구술은 애초 작문 연구를 위한 것은 아니었다. 하지만 글을 써 나가면서 그와 동시에 떠오르는 모든 생각의 파편들을 말로 풀어냄으로써, 어떠한 사고 과정을 거치면서 작문이 진행되고 완성되는지를 면밀하게 살펴볼 수 있어, 작문을 연구하는 데 유용한 방법으로 인정받고 있다.

그런데 사고구술을 해 보면 대부분의 학생들은 말을 하면서는 쓰기를 멈추고, 글을 쓸 때에는 말하기를 멈추거나, 쓰고 있는 내용만을 입으로 중얼거리기도 하고, 단편적인 감정 표현만을 하는 등 사고구술을 어려워한다. 이 때문에 중고등학교 학생들에게 적용하기에는 그 실효성이 염려되는 것도 사실이다.28) 하지만 학생들이 글을 쓸 때 무엇을 계획하고, 어떻게 진행하는지, 글을 쓰다가 막힐 때 어떤 전략을 사용하는지, 화제 지식이나 장르 지식을 어느 정도 갖추고 활용하는지, 끊임없이 독자를 인식하고 있는지, 글을 쓰는 동기나 흥미 등은 충분한지, 도중에 그만두고 싶어 하지는 않는지 등 사고구술은 쓰기 과정에서 부딪히는

---

27) 예를 들면 다음과 같은 자기 질문을 통해 작문 과제를 분석할 수 있다. •어떤 화제로 글을 쓸까? 무슨 내용을 써야 하지? •그래 감동을 줄 수 있는 글을 써야 하니까 지난 도서관에서 넘어진 친구를 도와준 일을 쓰면 되겠다. •내 글을 읽을 독자는 누구지? 누가 내 글을 읽는다고? •친구들이랑 선생님이 읽으실 거야. 그러니까 친근함을 드러내면서도 예의를 지켜야겠어. •이 글을 쓰는 목적이 뭐지? 왜 이 글을 써야 하는 거야? •글을 쓰는 목적은 내 마음을 표현하고, 독자에게도 감동이나 즐거움을 주는 거야. •글의 목적에 비추어 볼 때 어떤 유형의 글이 적절하지? 어떤 형식으로 써야 하지? •내 마음을 표현하는 글이니까 편지글의 형식이 적당하지 않을까?

28) 사고구술이 대학생들과 같은 능숙한 필자를 대상으로 하였음에도 불구하고 실제 활용하기에는 고도의 훈련과 연습이 필요하다는 점, 프로토콜 분석과 해석 등의 연구 진행에 시간과 노력의 소모가 크다는 점 등은 해결하기 어려운 문제이다. 이에 대한 대안으로 학생들에게 사고구술을 하면서 구두로 작문을 하게 한다든지, 두세 명이 내용을 이어 쓰는 협동작문을 하게 하는 등 변형된 방법을 사용할 수 있다.

세세한 문제와 그 해결 과정을 정확하게 파악할 수 있다는 장점이 있다.

사고구술을 할 때에 녹음을 하거나 녹화를 하게 하는 방법을 추천한다. 서너 명이 한 조가 되어 한 명은 사고구술을 하면서 글을 쓰고, 한 명은 녹화를 하며, 나머지 사람은 어떻게 작문이 진행되는지 작문 상황을 메모한다. 한 번의 글쓰기가 끝나면 역할을 바꾸어 가면서 모든 역할을 수행한다. 쓰기 소재도 처음에는 '오늘 있었던 일'이나 '내가 잘 아는 것' 등 이야기로 풀어낼 수 있는 쉽고 친근한 것부터 시작해야 인지 부담을 줄일 수 있어서 효과적이다. 사고구술을 마친 후 사고구술에 대해 서로 피드백하고 쓰기 과정을 공유하는 시간을 갖는 것이 좋다. 의외로 학생들은 자신과 친구들의 사고 과정에 관심이 많고, 사고구술의 과정에도 적극적이고 즐겁게 참여한다는 것을 발견할 수 있다.

처음부터 완벽한 사고구술을 기대할 필요는 없다. 학생들은 짧은 글을 쓰면서 사고구술을 하는 것으로 시작해서, 교사와 함께 프로토콜을 분석하는 것 자체만으로도 스스로의 글쓰기 과정을 돌아볼 수 있기에 충분하다. 린다 플라워가 일찍이 밝힌 것처럼,[29] 사고구술은 학생들의 인지 및 정의적인 능력이 드러나는 작문 과정을 실시간으로 생생하게 포착하기에 유용한 평가 방법임이 분명하다.

▌자신만의 작문 전략 만들어 활용하기

인지주의 작문 이론에서 밝힌 바에 따르면 미숙한 필자와 능숙한 필자를 구분하는 기준으로 글을 쓰면서 작문 전략을 사용하는지의 여부가

---

29) 린다 플라워는 한 학생의 사고구술 프로토콜을 분석하여 그 학생이 쓰기 과정에서 사용하고 있는 나쁜 전략과 좋은 전략이 무엇인지 밝혀내고, 글쓰기에서 겪게 되는 문제들을 해결할 수 있는 전략을 제시하고 있다(린다 플로워, 원진숙·황정현 역, 1998). 이 예는 사고구술의 유용성을 설명하기 위해 할애한 부분은 아니었지만, 사고구술이 글쓰기 과정을 점검하는 데 제법 쓸모 있다는 것을 보여 준다.

중요하게 작용한다. 능숙한 필자는 다양한 전략을 알고 있을 뿐만 아니라 언제, 어디에서 그 전략을 사용해야 해야 효과적인지를 알고 실제로 그렇게 사용한다. 예를 들면 무슨 내용을 써야 할지 막혔을 때 능숙한 필자는 브레인스토밍 전략을 써서 보다 풍부한 내용을 생성하지만 미숙한 필자는 그렇게 하지 못한다. 능숙한 필자는 브레인스토밍 전략이 떠오르는 생각을 아무런 제한이나 조건 없이 발산해 봄으로써 빈약한 내용을 채우는 데 단서를 얻을 수 있다는 것을 알고 활용하는 것이다. 인지 전략과 상위인지 전략에 능통한 필자가 능숙한 필자일 확률이 큰 셈이다.

다양한 쓰기 전략을 사용하면 실제 학생들의 쓰기 능력을 향상할 수 있다. 그런데 기존의 연구들이 제안한 전략들은 대부분 영어 단어나 문장의 앞머리 글자를 따서 만들었기 때문에 우리나라 학생들이 친숙하게 외워서 쓰기에는 무리가 있다.[30] 이러한 점을 고려하여 학생들에게 자신만의 쓰기 전략을 만들어 그것을 사용하도록 안내할 수 있다. 예를 들면 어떤 학생은 고쳐쓰기를 하는 이유와 방법을 학습한 후, '수정하다'라는 말로 고쳐쓰기 전략을 만들 수 있다. '수 : 수시로 되돌아가서 읽어라, 정 : 정말 주제와 안 맞는 내용을 찾아라, 하 : 하지만 세부적인 것까지 고치려고 하지는 말아라. 다 : 다 쓴 후에 시간을 두고 다시 고쳐라.' 다른 학생은 '소나무'라고 하여 '소 : 소리 내어 읽어 보기, 나 : 나만이 알 수 있는 표시하기, 무 : 무엇을 고칠지 결정하기' 전략을 만들 수도 있다.

쓰기 과제를 분석하기 위해 나름대로의 전략으로 만들어 활용할 수도 있다. '내·누나·형' 전략이라고 이름을 짓는다면, '내용을 무엇인가?

---

30) 예를 들면 Harris et al.(2008)이 제시한 전략 중에 'POW+TREE'가 있다. 'POW+TREE' 전략은 'Pick my idea, Organize my note, Write and say more, Topic sentence, Reasons, Ending/Explain reasons, Examine/Ending'의 앞머리 글자를 딴 것이다. 'REVISE'는 'Read, Evaluate, Verbalize, Implement, Self-check, End'로 수정하기 전략으로 제안하고 있다.

누가 읽을 것인가? 나의 역할은 무엇인가? 형식은 무엇인가?'를 쓰기 과제 분석하기 전략으로 만드는 것이다. 같은 전략이라고 하더라도 다른 학생은 '유독나무'라는 전략 이름을 붙이고, '유형은? 독자는? 나의 역할은? 무슨 내용?'이라고 기억할 수도 있다.

전략을 만들 때에는 단순히 단어의 앞 글자를 따서 외우는 데에 급급하지 말고, 특정 쓰기 상황에서 어떤 쓰기 전략이 필요한지를 충분히 알아야 한다. 그리고 쓰기 문제를 해결해 줄 수 있는 핵심적인 전략을 추출한 후 그것을 잘 설명해 주면서도 기억하기 쉬운 자기만의 단어로 만들 수 있어야 효과적이다. 물론 학생에 따라서는 숫자를 활용하거나 영어 단어의 첫 글자를 따서 새로운 단어를 만드는 방법을 더 선호할 수도 있다. 학생들의 창의력이 발휘되도록 독려한다면 쓰기 전략을 만드는 시간 자체만으로도 훌륭한 쓰기 수업이 될 수 있을 것이다. 이러한 전략들은 실제 글을 쓰면서 충분히 익히고 다양한 유형의 글에 적용하면서 내면화할 수 있다. 학생들은 교사가 만들어서 준 전략이나 이론서에 제시된 전략보다는 자신이 아이디어를 짜내고 만들어 낸 쓰기 전략이나 친구와 함께 만든 쓰기 전략을 더 잘 이해하고 더 잘 기억할 것이다.

(3) 인지주의 작문이론에서 얻은 작문 교육의 과제

하나. Hayes(1996)의 새로운 인지모형에서 제안되었던 긍정적 협력자인 교사 또는 동료들과의 적극적인 상호작용을 지향하는 쓰기 수업이 강조되어야 할 것이다. 현장에서는 쓰기가 개인적인 행위이면서 동시에 사회적인 행위라는 관점이 보편화되면서 협동 작문, 협의를 통한 작문, 동료 평가를 활용한 작문 등이 시도되고 있다. 하지만 여전히 교사의 피드백은 인색한 편이며, 동료와의 협의와 동료 평가는 형식적이고 단편적으로 이루어지고 있는 실정이다.

둘. 쓰기 지도에서 쓰기의 회귀적 특성을 더욱 강조할 필요성이 있다. 과정중심 작문 교육의 한계로 지적되는 것이 쓰기를 과정별로 단절화 혹은 고정화하여 교육한다는 것이었다. 이를 극복하기 위해 쓰기는 하나의 과정을 완벽하게 끝내야 다음 과정으로 넘어가는 것이 아니라 모든 과정들은 앞에서 뒤로 또는 뒤에서 다시 앞으로 진행될 수 있음을 인지시키고 실제로 각 과정들을 넘나들면서 글쓰기가 이루어지도록 지도할 필요가 있다.

셋. 작문에서 상위인지의 역할이 보다 더 강조되어야 할 것이다. 인지주의 작문 이론에 따르면 상위인지 역할을 하는 조정하기는 쓰기의 목적을 설정하기도 하고, 각 과정들이 언제 시작하고 언제 끝마치는지를 결정한다. 작문은 많은 전략을 알고 있는 것도 중요하겠지만 적재적소에 최선의 전략들을 적절하게 사용할 줄 아는 능력이 요구되기 때문에 다양한 쓰기 전략들을 선택하고 활용하는 데에도 상위인지가 중요하게 작용하게 된다.

넷. 학생들의 삶과 관련된 쓰기 맥락이 충분히 반영된 쓰기 과제, 쓰기 환경이 제공되어야 할 것이다. 이는 일반적이고 보편화된 쓰기 상황을 강조했던 인지주의 작문 이론이 간과했던 부분이다. 학생들의 삶과 동떨어진 쓰기 수행은 학생들의 문제의식이나 관심에서 외면당할 수밖에 없다. 쓰기가 단지 학습으로서의 대상이 아니라 학생들의 삶의 일부가 될 수 있도록 쓰기 과제가 구안되고 쓰기 환경이 조성되어야 할 것이다.

다섯. 학생들이 지닌 작문에 대한 동기나 태도, 흥미, 효능감 등의 정의적 요인들이 보다 강조되어야 할 것이다. 기능과 전략에만 경도되어 온 작문 교육이 학생들을 쓰기에서 멀어지게 한 원인이 되지는 않았는지 돌아볼 때이다. 궁극적으로 작문 교육의 목적은 잘 쓰는 필자이면서 동시에 쓰기를 좋아하고 즐길 수 있는 필자를 만드는 데 두어야 하기 때문이다.

여섯. 쓰기 과정에 대한 평가가 강조되어야 할 것이다. 현재 학교 현장에서는 과정에 따른 작문 수업이 진행되고 있지만, 여전히 결과 중심의 평가가 주로 이루어지고 있다. 물론 완성된 글에 나타난 필자의 의미 구성 과정을 추적하기는 하지만, 본격적인 쓰기 과정에 대한 평가는 거의 전무한 실정이다. 작문 평가의 본질을 회복하기 위해서는 관찰이나 사고구술, 포트폴리오, 반성적 쓰기 등의 다양한 과정 평가 방법을 사용하여 학생들의 쓰기 과정을 탐색하는 작업이 요구된다.

실천 3 **쓰기 결과 평가에서 발현, 평가, 해석의 오차 해소하기** ● ● ●

(1) 쓰기 결과 평가에 개입하는 오차

쓰기 평가는 학생들의 쓰기 학습을 실제적으로 도와주는 방향으로 이루어져야 하며, 쓰기 평가의 일차적인 목적을 쓰기 영역 교수·학습의 개선에 두어야 하고, 교육과정과 교수학습에 대한 비판적 탐색을 반영하고 허용해야 한다(박영목 2008b). 그런데 쓰기 평가의 여러 방법들을 아무리 정밀하게 운용한다고 해도 쓰기의 특성상 학생들의 실제 능력과 그것을 측정한 결과 값 사이에는 오차가 존재하게 된다. 이들 오차는 쓰기 결과 평가의 국면에서 늘 지적되어 온 것으로, 학생들의 쓰기 능력을 신장하고자 하는 쓰기 교육의 목표를 달성하는 데 걸림돌로 작용해 왔다. 쓰기 결과 평가의 과정과 이에 개입하는 오차를 다음과 같이 나타낼 수 있다.

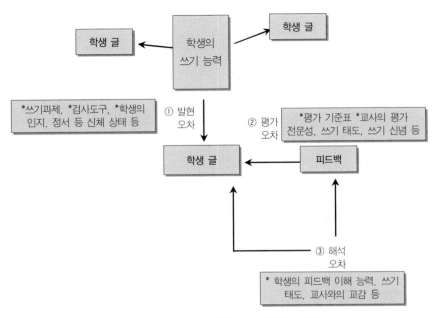

[그림 5-1] 쓰기 결과 평가에 개입하는 오차

쓰기 결과 평가에서의 오차는 실제로는 평가가 진행되는 전 과정에 영향을 미칠 수 있으나, 평가 과정에서 오차가 집중화되는 지점을 확인하여 쓰기 능력의 발현에 관여하는 것, 평가에 관여하는 것, 그리고 해석에 관여하는 것으로 구분할 수 있다.

▌발현 오차

발현 오차는 학생들의 쓰기 능력이 그들이 생산한 결과물에 온전하게 발현되지 않음을 나타낸다. 쓰기 평가의 맥락이 어떠했는지 어떤 검사 도구를 사용했는지 등에 따라서 학생들은 자신의 능력을 백퍼센트 발휘할 수도 있지만 그렇지 못할 수도 있다. 예를 들어 어떤 학생이 쓰기 능력은 뛰어나지만 쓰기 과제의 용어를 제대로 이해하지 못하여 주제에서 벗어나는 글을 썼다면 쓰기 평가는 그 학생의 쓰기 능력을 있는 그대로 정확하게 측정할 수 없게 된다. 또한 몸이 좋지 않거나 우울한 상태에서 쓰기를 수행했다면 학생 자신의 쓰기 능력을 오롯이 끌어내기는 어렵게 된다. 동일한 평가 맥락에서 동일한 검사 도구를 사용했다고 하더라도 평가 당시 인지, 정서, 신체 상태에 따라서도 전혀 다른 능력이 도출될 수 있음을 의미한다. 특히 쓰기는 여러 번 작성하고 수정하는 과정을 통해 능력이 향상되기 때문에 특정 국면에서 이루어진 성장이나 변화를 측정하기 위한 쓰기 평가는 반복적으로 이루어져야 한다(Troia 2009). 반복 평가를 함으로써 텍스트에 반영되는 발현 오차를 줄일 수 있을 뿐만 아니라 쓰기 능력의 발달 과정도 확인할 수 있다.

결과 평가에서 이러한 발현의 오차를 줄이기 위해서는 반복 평가와 함께 가능한 다면적으로 학생들의 능력을 측정해 내야 할 것이다. 결과 평가를 통해 수집한 자료와 함께 관찰이나 포트폴리오, 반성적 쓰기 등의 과정 평가 자료를 종합하여 활용하거나, 학생 스스로 자신의 쓰기 과정을 점검한 결과를 입체적으로 활용할 수 있다. 또한 학생들의 쓰기 능력을 최대한 이끌어낼 수 있는 타당한 검사 도구를 개발하여 투입한다면 학생들의 인지, 정서, 신체적인 요인이 개입하더라도 평균적인 쓰기 능력의 추정이 가능하다. 다양한 쓰기 과제가 구성된 검사 도구를 사용하여 여러 번 쓰기를 할 수 있는 기회를 제공하고 그 결과를 누적한다면 학생들의 쓰기 능력을 보다 정확하게 판단해 내기가 수월할 것이다. 이는 학습 장면이 곧 평가 장면이 되어야 한다는 생태학적 쓰기 평가의 배경과 공유하는 부분이기도 하다.

▌평가 오차

평가 오차는 교사가 학생의 글을 채점하고 피드백하는 과정에서 발행하는 오차이다. 교사가 어떤 쓰기 교육관과 쓰기 태도를 지녔는지, 쓰기 평가에 대한 교사의 지식이나 전문성의 수준은 어떠한지에 따라 결과가 달라질 수 있다. 또한 채점 당시 교사의 심리적 혹은 신체적 상태가 어떠했는지, 평가 기준이 신뢰할 만하고 정확한지, 어떤 채점 방식을 사용했는지 등에 따라서도 채점 결과가 달라질 수 있다.

평가의 오차는 무엇보다도 쓰기 결과 평가의 전 과정에서 쓰기 평가를 주관하는 국어교사의 영향을 많이 받게 되는데, 이는 국어교사의 평가 전문성이나 쓰기에 대한 신념 및 태도 등에 따라 해석 오차의 개입 정도가 크게 달라질 수 있기 때문이다. 예를 들면 쓰기를 수사적 기교가 화려하고 문법적 규칙이 정확한 텍스트를 생산하는 것으로 보는 교사가 있을 수도 있고, 이와는 달리 쓰기란 개인의 인지 작용을 통해 일정한 의미를 구성하는 것이라고 여기는 교사가 있을 수 있다. 문법 규칙을 잘 지키지 못한 글을 채점하면서 어떤 교사는 심각한 잘못이라고 판단하지만 다른 교사는 문법 규칙을 안 지킨 것은 소소한 잘못이라고 생각하기 때문에 교사에 따라 동일한 글이라도 서로 다른 점수가 부여될 가능성이 있다.

일반적으로 교사는 학생의 글을 평가하면서 학생이 어떠한 사고 과정을 겪었는지, 교수·학습에서 어떠한 성취나 결손이 있는지를 추론하여 해결책을 제시하고, 피드백을 하는 과정에서 학생과 교감한다. 그런데 이러한 과정에서도 오차가 있을 수 있다. 피드백의 유무, 피드백의 수준, 피드백의 초점 등에 따라 동일한 글이라도 다른 평가가 나올 수 있는 경우이다. 학생이 쓴 설명문의 내용이 풍부하지 못한 경우 어떤 교사는 내용을 마련하는 능력이 미흡하다는 평가를 내리는 것에 그칠지도 모른다. 다른 교사는 내용이 풍부하지 못한 이유가 화제 지식이 부족해서인지, 내용 생성 전략에 대한 지식이 부족해서인지, 내용 생성 전략에 대해 알고 있으나 그것을 활용하지 못하는지, 화제 지식을 문자 언어로 전사하는 능력이 부족한지 등 학생이 왜 그러한 점수를 받았는지를 추적하여 피드백하고 학생과 자신의 수업을 성찰할 수도 있다.

▌ 해석 오차

해석 오차는 학생이 교사에게 받은 피드백을 해석하고 자신의 글을 성찰하는 과정에서 발생하는 '해석 오차'를 나타낸다. 이는 교사의 피드백에 대해 학생이 어떠한 가치를 부여하는지, 피드백 내용을 얼마나 잘 이해하고 수용하여 쓰기 능력을 향상하려고 노력하는지, 그리고 피드백을 통해 교사와 어떠한 교감을 나눌 수 있는지 등과 관련된다. 어떤 학생은 점수로 매겨진 평가 결과만 중시하고 교사의 피드백을 가볍게 넘길 수도 있고, 다른 학생은 교사의 피드백을 이해하지 못하거나 잘못 이해하여 엉뚱한 해석을 할 수도 있다. 어떤 학생은 교사의 피드백에 가치를 두고 자신의 글을 점검하고 수정하기고 하고, 다른 학생은 교사의 피드백에서 효능감이나 정서적 유대감을 느낄 수도 있다. 동일한 피드백이라도 피드백을 자신의 쓰기 능력을 신장하기 위한 중요한 단서로 삼을 수도 있고, 그렇지 않을 수도 있다. 이러한 해석의 오차는 학생이 교사의 피드백을 어떻게 받아들이고 활용하는지와 밀접한 관련이 있다.

(2) 평가 오차 줄이기 : 학생 글에서 쓰기 능력 제대로 읽어내기

아래의 글은 '자신이 좋아하는 것(물건, 동·식물, 취미 등) 중에서 하나를 골라 친구들이 잘 이해할 수 있도록 설명하는 글을 쓰시오.'라는 쓰기 과제에 대해 중학교 2학년 남학생이 쓴 글이다. 앞서 언급한 것처럼 피드백은 글에 대한 독자로서의 정서적인 감상과 인지적인 분석이라는 두 가지의 주요한 요소를 포함해야 한다.

먼저 정서적인 교감을 위한 피드백을 할 수 있다. 이 글은 설명문이라는 장르의 특성상 개인적인 감정과 경험의 노출이 심하지 않기 때문에 학생과의 공감적인 이야기를 끌어낼 수 있는 단서를 찾기에 다소 어려움이 있다. 그렇기에 교사는 '네가 사슴벌레를 좋아하는 것은 알고 있었지만 이렇게 생생하게 사슴벌레에 대해 알려 줄 수 있다는 것이 놀랍다!' 등과 같이 학생의 글을 읽고 난 느낌을 솔직하게 말하면서 피드백을 시작해 본다. 학생은 자신의 글이 독자에게 미친 영향을 실제 독자의 목소리를 통해 확인할 때 쓰기 성취감이 크게 고양된다(이재기 2012). 그리고 '경험을 함께 얘기해 주니까 더 믿을 만하구나!'라든지, '멋지다! 네가 좋아하는 다른 것도 궁금한데 더 이야기해 줄 수 있지?'처럼 학생의 '열성 팬'임을 곳곳에 드러내어 '필자'로서 존중받고 있다는 느낌을 주면 좋을 것이다.

교사의 감정이 느껴지고 학생의 정서를 배려하는 피드백 통해 학생은 자신의 글이 다른 사람의 생각과 감정을 흔들 수 있다는 놀라운 사실에 맞닥뜨릴 수도 있고, 글을 통해 소통의 통로가 확장되고 있음을 깨달을 수도 있으며, 자신의 글이 누군가에게 애정 어린 눈길을 받고 있다는 뿌듯함을 느낄 수도 있다. 쓰기를 통해 정서적인 충족감을 주는 것은 궁극적으로 평생 필자를 지향하는 쓰기 교육의 목표이기도 하다.

▌내용에서는

내용 영역의 경우 설명하는 대상이 분명한지, 주제가 명확하게 드러나 있는지, 설명하는 내용이 풍부한지, 설명 내용에 통일성이 있는지 등을 평가 기준으로 적용할 수 있다.

사슴 벌레

사슴 벌레는 곤충강 딱정벌레 목의 한 과로 곤충중에서도 장수풍뎅이와 같이 가장 인기 있는 종이다.

사슴벌레는 우리나라에 여러종이 서식하고 있다. 대표적으로 참사슴벌레, 넓적 사슴벌레, 참넓적 사슴벌레, 애사슴 벌레, 왕사슴벌레, 톱사슴벌레등 여러종류가 있고 이외에도 비단사슴벌레등 7종이 더 있다. 특히 두점박이 사슴벌레는 현재 천연기념물로 지정되어 있다.

사슴벌레의 구조는

으로 이루어져 있다. 큰턱은 싸울때, 아랫입술 수염은
먹을때, 더듬이는 먹이, 방향감지, 겹눈은 볼 때, 딱지날개는 뒷날개를 보호 할때에 쓰인다.

사슴벌레를 채집 할때엔 단것을 좋아하고, 야행성이며, 빛에 모여드는 습성과 서식지를 안다면 쉽게채집 할수있다. 일단 서식지는 활엽수림에 주로 산고 종에따라 고산제 낮은 언덕등 분포되어 있다.

낮에는 주로 땅속, 낙엽밑에 있기 때문에 찾아보면 가끔씩 잡히기도 한다. 밤엔 숲근처의 가로등 등에 가보면 여러곤충중 사슴벌레가 보인다. 그리고, 참나무, 졸참나무, 떡갈나무, 버드나무등에 수액을 찾아가거나, 바나나등을 묻히고 찾아가면 사슴벌레등의 여러곤충들을 볼수있다. 다만 벌이보이면 그 나무는 채집을 포기해야한다.

사육법은 사육통에 톱밥(발효톱밥)를 깔고 사육용젤리, 놀이목 등을 넣어준다. 특히 사슴벌레는 썩은나무에다가 산란을 하기때문에 이때에는 산란목을 넣어준다. 그러나 넓적·참넓적·참 사슴벌레는 톱밥산란을 하기때문에 이종들은 산란목을 안넣어줘도 된다. 사슴벌레의 알에서 성충까지는 알→애벌레1·2·3령→번데기 →성충의 순서이고 약 1년정도의 시간을 보낸다. 애벌레때에는 톱밥이 전 조금 마르지지 않도록 물을 뿌려주고, 애벌레가 톱밥에 나오는 거섭증 증세를 보이면 원래 톱밥 ⅓과 새로운톱밥 ⅔ 비율로 톱밥을 갈아주고, 번데기 때에는 민감하기 때문에, 물만 뿌려 주고, 자극을 주제 않는 것이 중요하다.

이글을 읽는 사람들도 사슴벌레를 키우며 사슴벌레 에대한 지식을 쌓기 바란다.

학생이 쓴 글

'주제가 명확하게 드러나 있는지'와 관련해서, 이 글은 '자신이 좋아하는 것'을 설명하기 위해 사슴벌레를 설명 대상으로 설정하고, 글을 전개하면서도 자신이 설명하고자 하는 것이 사슴벌레라는 것을 잊지 않고 있음을 드러낸다. 또한 '사슴벌레에 대한 설명'이라는 주제를 사슴벌레의 종류, 생김새, 서식지, 사육법 등으로 좀 더 구체화하였기에 독자는 이 글을 읽으면서 필자가 무엇을 설명하고 있는지를 명확하게 알 수 있다.

학생들은 글을 쓸 때 계획하기를 충분히 하지 못하거나, 자신의 글에 대해서 객관적으로 해석하고 평가할 기회가 없으면 주제를 명료화하지 못하는 경향이 있다(가은아 2011). 글을 쓰는 목적을 달성하려면 무엇에 대해, 어떤 내용을, 어떤 방법으로 쓸 것인지를 먼저 생각해야 한다. 그렇게 하지 않는다면 설명 대상으로 이것저것을 넘나들기 때문에 무엇을 설명하고 있는지 이해하기 어려운 경우가 발생한다. 이 글의 필자 역시 설명 대상을 정하고 주제를 명료화하기 위해 고민을 했겠지만, 그러한 고민의 흔적이 글을 거칠게 하지는 않았다. 이것은 글을 쓰기 전에 '계획하기' 과정이 충분히 이루어졌다는 것을 보여 준다. 이 학생은 쓰기 과제에서 요구하는 것이 무엇인지를 제대로 파악하고 있으며, 설명 대상을 정하여 주제를 드러내는 데 별다른 어려움을 겪지 않는다고 할 수 있다.

'설명하는 내용이 풍부하고, 내용에 통일성이 있는지'와 관련해서 살펴볼 수 있다. 일반적으로 내용을 풍부하게 담는다는 것은 그만큼 설명 대상에 대해 화제 지식이 많다는 것을 의미하기도 하고, 다양한 매체를 통해 내용을 마련하는 능력이 우수하다고도 할 수 있다. 이 글에서는 사슴벌레의 종류, 생김새, 서식지, 사육법에 해당하는 내용을 전달하고 있다. 내용의 풍부성과 관련해서 볼 때 학생은 내용을 생성하기 위해 다른 매체를 활용하기도 하고(사슴벌레의 종류, 사슴벌레 서식지 등), 사슴벌레를 키운 경험(사슴벌레의 생김새, 사육법 등)을 떠올리기도 했다는 것을 알 수 있다. 사슴벌레에 대한 화제 지식이 많아 보이나 그것을 글로 좀 더 구체적으로 풀어내지 못한 아쉬움이 있다.

또한 이 글은 설명문 중간에 그림을 넣어서 설명 내용을 보충하고 있는 점이 특이하다. 설명문에 글을 넣는 것은 두 가지로 나누어 살펴볼 수 있다. 하나는 설명 대상에 대해서 막연하게 화제 지식은 가지고 있으나 이를 문장으로 적절하게 표현해 내지 못하기 때문에 그림을 그린 후 설명을 생략하는 경우이다. 예를 들면 자전거를 그린 후 '자전거는 이렇게 생겼다.'고 설명을 마치는 것이다. 이럴 경우 화제 지식을 글로 풀어내도록 하는 지도가 필요하다. 두 번째는 설명 내용을 보다 풍부하게 만들고 독자의 이해를 돕기 위해서 그림을 그리는 경우이다. 이때의 그림은 보조 자료로 활용된다.

얼핏 글쓰기에서 글로 풀어내야지 그림을 그리면 안 된다고 생각할 수도 있겠지만, 학생들이 그림을 그리는 것은 자신의 지식을 그림으로 정교화, 구체화하는 과정이면서, 독자의 이해를 돕기 위해 시각 자료를 활용하는 것이라는 점을 인정할 필요가 있다. 그림을 그린 후 설명하면 좀 더 쉽게 설명할 수 있고 내용도 빠뜨리지 않을 수 있다. 사람은 저마다 글을 풀어내는 방식이 다를 수 있으므로 글을 쓸 때 그림을 활용하되 그림이 글의 내용을 풍부하게 하는 데 도움이 되도록 지도한다. 이 학생 또한 사슴벌레를 그림으로 그릴 정도로 사슴벌레의 생김새와 특성에 대한 화제 지식이 뛰어나다는 것을 알 수 있다. 다만 '큰 턱은 싸울 때' 대신 그림에 나타난 것처럼 큰 턱의 모습을 상세하고 구체적으로 묘사하도록 하고, 아랫입술 수염과 겹눈이 어떻게 생겼는지 딱지 날개는 어떤 느낌이고 색깔이나 모양은 어떠한지 등을 자세하게 묘사할 수 있도록 피드백할 수 있다.

내용의 통일성과 관련해서는 사슴벌레의 사육법을 설명하는 중간에 사슴벌레의 일생을 기술하고 있어 내용의 통일성을 해치고 있다는 것을 발견할 수 있다. 이는 사슴벌레의 일생에 대한 자료나 화제 지식이 부족하기 때문일 수도 있고, 문단을 어떻게 구성해야 하는지 모르기 때문일 수도 있다. 그리고 '다만 벌이 보이면 그 나무는 채집을 포기해야 한다.'도 벌에 쏘일 수 있으므로 위험해서 그러한지, 벌이 있으면 사슴벌레가 살지 않는 것인지 등에 대한 추가 설명이 없기 때문에 생뚱한 문장이 되어 통일성을 해치고 있다. 이 학생의 경우에는 내용을 마련하는 것과 관련해서는 우수한 면을 보이므로 문단의 구성이나 고쳐쓰기 등에서 접근하는 것이 적절하며, 글의 통일성과 관련해서 추가적인 학습이 이루어질 필요가 있다.

▌ 조직에서는

조직 영역과 관련해서는 글의 전체 구조가 유기적이며 완결성을 갖추고 있는지, 문단이 적절하게 구성되어 있고 문단 연결이 자연스러운지, 글의 특성에 맞게 내용 전개 방법을 효과적으로 사용하고 있는지 등을 해석 기준으로 적용할 수 있다. 우리나라 학생들은 전반적으로 조직 능력이 미흡한데(가은아 2011; 임천택 2005; 주영미 2010), 이는 현장에서 쓰기 지도의 대부분이 내용을 마련하고 표현하는 데에 치중하기 때문일 수도 있고, 짜임새 있는 글을 읽고 쓸 기회가 충분하지 않아서 그럴 수도 있다.

'글의 전체 구조가 유기적으로 완결성을 갖추고 있는지'와 관련해서 살펴보면, 이 글은 시작 부분이 없기 때문에 무엇에 대해 설명하고 있는지 안내가 없고, 독자의 흥미를 끌만한 장치가 없어 독자는 낯선 글을 갑작스럽게 만나게 되는 부담을 안고 있다. 끝부분 또한 구분할 수는 있지만 '이 글을 읽는 사람들도 사슴벌레를 키우며 사슴벌레에 대한 지식을 쌓기 바란다.'라는 한 문장으로 마무리를 하고 있어 제 역할을 다하고 있다고 하기 어렵다. 끝부분에서는 본문의 내용을 다시 한 번 정리하고 강조하면서 독자에게 강렬한 인상을 남겨야 하지만 그렇지 못하기 때문이다. 이를 통해 이 학생은 글이 처음과 끝부분을 포함해서 유기적으로 짜여야 한다는 것을 제대로 인식하지 못하고 있으며, 완결된 글을 쓰는 데 어려움이 있다고 판단할 수 있다.

'문단이 적절하게 구성되어 있고 문단 연결이 자연스러운가?'와 관련해서 이 글이 보이고 있는 특성은 문단 구분이 명확하게 되어 있지는 않으나 설명 내용의 연결이 비교적 자연스럽다는 점이다. 이것은 이 글을 쓴 학생이 문단에 대해 어느 정도 인식하고 있으나 그것을 문단으로 명확하게 나타내는 데는 미흡하다는 것을 보여준다. 내용을 고려하여 문단을 명확하게 구분하고 소제목을 달아서 글을 좀 더 짜임새 있게 구성하도록 지도해야 할 것이다.

표현 영역과 관련해서는 명료한 표현으로 객관적으로 진술하고 있는지, 독자를 고려하여 표현하고 있는지, 단어의 선택이 적절하고 바른 문장을 사용하고 있는지 등을 해석의 기준으로 적용할 수 있다.

▌표현에서는

'명료한 표현으로 객관적으로 진술하고 있는지'와 관련해서 이 글은 주관적인 의견을 내세우거나 모호한 표현을 쓰지 않고 사실 위주의 정보를 제공하고 있다. 설명문이라는 글의 목적과 유형적 특성에 대해 잘 알고 있어서 정보를 전달하려는 목적을 달성하는 데 문제가 없어 보인다. 다만 전달하고 있는 정보가 신뢰할 만한 출처에서 인용한 것인지 자신이 경험치에서 나온 것인지 구분하기 어려우므로 이에 대한 지도가 필요하다.

'독자를 고려하여 표현하고 있는지'와 관련해서는 쓰기 과제에서 부여한 독자를 확인할 필요가 있다. 쓰기 과제에서는 친구를 독자로 요구하고 있으므로 친구를 고려하여 표현하고 있는지를 살피는 것이 필요하다. 이와 관련하여 이 글은 줄곧 독자를 인식하면서 글을 써 나갔다고 판단된다. 친구들이 관심을 가질 만한 대상을 선정했다는 점, 글 전체에 걸쳐 일관된 서술어미를 사용하고 있다는 점, 사슴벌레의 특성을 알기 쉽게 설명하고 있다는 점, 독자의 이해를 돕기 위해 그림을 그려서 표현하고 있다는 점 등을 근거로 삼을 수 있다.

'단어의 선택이 적절하고 바른 문장을 사용하였는지'와 관련해서 해석할 수 있다. 설명문에서는 명확한 의미 전달을 위해 모호한 단어나 비문을 피해야 한다. 이 글은 전반적으로 사슴벌레의 특성을 설명하기에 적절한 단어를 사용하고 있고 단어의 수준도 높은 편이다. '일단 서식지는 활엽수림에 주로 살고 종에 따라 고산의 낮은 언덕 등 분포되어 있다.'를 포함해서 몇 군데 비문을 제외한다면 비교적 올바른 문장을 사용하고 있다. 따라서 이 학생은 해당 평가 기준과 관련해서는 별다른 어려움을 겪고 있지 않는 것으로 판단할 수 있다. 다만 독자를 고려해서 독자가 생소하다고 느낄 만한 한자어에 대해 보충 설명을 할 수 있도록 지도하면 좋을 것이다.

이 외에도 '사슴벌레'라는 단순한 제목보다는 독자의 궁금증을 유발하거나 글의 특성을 반영할 수 있는 참신한 제목을 설정하도록 지도할 필요가 있다. 또한 띄어쓰기가 미흡하고 '찾아가거나' '앓넣어줘도' 등 맞춤법에 어긋나는 예가 발견되므로 문법적인 부분에서도 지도가 요구된다.

(3) 평가 오차 줄이기 : 제대로 피드백하기

피드백의 주요 독자는 학생이다. 따라서 피드백은 학생의 쓰기 능력을 정확하게 진단해 주되, 학생의 자존감을 훼손하지 않도록 해야 할 것이다. 필자는 자신의 글을 진지하게 읽어주고 반응해 주고 격려해 주는 실제적인 독자가 필요한데, 학생들은 교사를 통해 그러한 권리를 누릴 수 있어야 할 것이다. 진정성이 담긴 피드백을 통해 학생은 필자로서의 만족감을 느끼면서 인지적인 면뿐만 아니라 정서적인 면에서도 쓰기 발달을 보장받을 수 있기 때문이다.

피드백을 할 때에는 아래에 예로 든 것처럼 별도로 전체적인 내용을 제시하고, 평가 기준과 연계한 구체적인 내용은 학생의 글에 직접 써 줄 수 있다. 다만 피드백을 할 때에는 글로 하는 피드백이 종종 너무 모호하고 형식적이고 포괄적이거나 모순된다는(Smith 1997; Strub 1996, Beach & Fredrich 2006에서 재인용) 사실을 주의하고 가능한 한 구체적인 정보를 제공해야 할 것이다. 학생들은 피드백 내용을 활용하여 자기 평가를 하거나, 면담에서 교사와 해석을 공유하게 된다.

〈피드백의 예〉

○○가 사슴벌레에 대해 이렇게 생생하게 알려 주다니 놀랍다. ○○의 설명 덕분에 선생님도 사슴벌레를 키워 보고 싶다는 생각을 했단다. 기회가 되면 네가 좋아하는 다른 것도 더 말해 주면 좋겠어.

해석 대상은	○○의 쓰기 능력은?	더 좋은 글을 쓰려면?
내용	• 쓰기 과제를 제대로 파악하고 있어서 훌륭해. • 설명 대상을 정하여 주제를 드러내는 데 어려움이 없구나. • 화제 지식이 풍부하니까 좀 더 구체적으로 써 주면 좋겠다.	• 통일성의 개념 알기 • 통일성을 해치는 문장 찾는 연습하기 • 통일성을 갖춘 문단이나 글을 쓰는 연습하기

	• 내용을 마련하는 능력이 우수해. • 통일성에 대한 개념이 다소 부족해 보이네.	
조직	• 글을 짜임새 있게 쓰는 것이 어려운가 보구나. • 문단이 무엇인지는 알고 있지만 문단을 직접 구성하는 데는 어려움이 있구나.	• 설명문에서 처음, 중간, 끝의 역할 알기 • 처음, 끝 부분이 명확하게 드러나도록 쓰기 • 문단의 개념 알기 • 문단 구분해 보기 • 문단을 나누면서 쓰기
표현	• 설명문에 사용하는 문체의 특성을 알고 적절하게 활용하고 있구나! • 독자를 인식하고 독자를 고려한 표현을 해서 독자가 쉽게 읽을 수 있겠어. • 단어와 문장을 사용하는 능력이 우수해.	• 독자를 고려하여 단어를 선택하는 연습하기
기타	• 그림을 그려서 설명한 것은 개성적이야. • 띄어쓰기와 맞춤법이 좀 부족하구나. • 제목을 좀 더 참신한 것으로 바꾸어 보면 어떨까?	• 그림을 활용하되 설명을 좀 더 풍부하게 하기 • 띄어쓰기, 맞춤법 알기 • 고쳐쓰기 • 제목 정하는 방법 알기

피드백은 새로운 쓰기 과제에 도전하고 싶은 생각이 들도록 하고, 학생의 눈높이를 고려하여 이해하기 쉽게 작성하는 것이 좋다. 특히 학생이 피드백을 해석하는 과정에서 발생할 수 있는 오차를 줄이도록 노력해야 할 것이다.

(1) 쓰기 윤리란

쓰기 윤리는 주로 '다른 사람의 생각이나 글을 자신의 것처럼 속여서 사용하는 표절(剽竊)'에 중점을 두어 다루어져 왔다. 그러나 인간은 생각이나 감정의 표출 매체로 쓰기를 선택하여 자신을 치유하거나 성장시키기도 하고, 쓰기를 통해 무수한 사회적 관계를 확인하기도 한다. 이렇게 쓰기가 개인적인 글쓰기인 것과 동시에 사회적인 글쓰기라는 점은 '쓰기 윤리'에 대한 좀 더 포괄적인 개념 및 범주를 요구한다.

쓰기 윤리의 개념을 명확하고 간명하게 정의하기란 쉽지 않다. 어떤 사람에게 윤리적인 판단이 다른 사람에게는 비윤리적인 판단이 될 수도 있고, 어느 사회나 문화에서는 윤리적인 일이 다른 사회나 문화에서는 그렇지 않을 수 있다. '윤리'란 개인의 의식, 사회·문화적인 맥락 속에서 그 특성과 가치가 규정지어지기 때문이다. 쓰기 윤리에 대해 박영민 외(2008)는 "쓰기라는 일반적 표현 행위를 수행하는 개인이나 사회 구성원들이 지켜야 할 행동의 규범 체계"로 정의하고 있으며, 김혜선(2008)은 "글쓰기에서 지켜야 할 필자의 인지적, 절차적, 가치적 윤리"로 정의하고 있다.

필자, 글을 쓰는 행위, 그리고 지켜야 할 규범이 쓰기 윤리의 개념을 형성하는 기본 요소라 할 수 있는데, 이 연구에서는 "쓰기를 수행하는 과정에서 필자가 지켜야 하는 기본적인 도리 또는 행위의 규범"을 쓰기 윤리로 정의하고자 한다. 이때 쓰기를 수행하는 과정이란 필자의 생각을 글로 변환하여 표현하는 과정만을 의미하지는 않는다. 표현의 과정에서 쓰기 윤리가 크게 부각되겠지만, 자신의 생각을 정리하거나, 다른 사람과의 대화나 토론을 통해 아이디어를 얻는 것, 다른 사람의 글이나 인터넷 등에서 정보를 탐색하는 것 등 쓰기를 계획하고 내용을 마련하는 과정에서 또한 그 중요성을 살피고자 한다.

(2) 쓰기 윤리의 범주

쓰기 윤리 교육을 하기 위해서는 구체적인 교육 내용 요소를 뽑을 수 있는 쓰기 윤리의 범주를 설정하는 것이 선행되어야 할 것이다. 쓰기 윤리의 범주는 비윤리적 쓰기 유형을 구체화하여 유형별로 모으는 과정을 통해서 그 성격이 명확해질 수 있다. 그러나 필자는 한 편의 글을 써나가는 중에 쓰기 윤리의 범주를 넘나들면서 글을 쓰게 되므로, 그 범주가 독립적이고 배타적인 것은 아니다. 여기서는 쓰기 윤리의 범주를 네 가지로 설정하고자 한다. 정직하게 쓰기, 진실하게 쓰기, 사실대로 쓰기, 배려하며 쓰기가 그것이다.

▋ 정직하게 쓰기

정직하게 쓰기는 문학적인 글을 포함하는 모든 글쓰기에서 두루 다루어질 수 있는 쓰기 윤리 교육의 가장 핵심적인 범주이다. 정직하게 쓰기를 어기는 대표적인 것으로 표절을 들 수 있다. 표절은 일반적으로 다른 사람의 작품을 몰래 가져다 쓰는 행위로 간주된다. 그러나 간혹 들리는 작곡이나 소설, 논문 등의 표절 시비에서, Posner(2009)의 지적처럼 표절의 경계가 모호하기 때문에 어떤 것이 표절이고 어떤 것이 표절이 아닌지, 그 윤리성을 판단하기가 쉽지 않은 게 사실이다.

글쓰기에서 일차적으로 표절이라 하면 다른 사람의 글이나 아이디어를 무단으로 베껴 쓰는 것, 자신이 쓰지 않은 글을 자신이 쓴 것처럼 발표하는 것을 이른다. 이외에, 자신이 예전에 써서 발표했던 글을 베껴 쓰거나 다시 사용하는 경우, 그리고 다른 사람의 글을 인용한 후 출처를 명확하게 밝히지 않는 경우도 표절이라고 볼 수 있다. 이러한 의도적인 경우뿐만 아니라 인용법을 제대로 몰라서 적절하지 못한 인용법을 사용하는 경우도 표절에 해당된다.

중·고등학생들이 저지르는 대표적인 표절에는 짜깁기가 있다. 주로 인터넷의 여기저기에서 다른 사람의 글이나 정보를 복사한 후 그대로 가져다 붙이는 짜깁기를 하여 쓰기 과제를 해결한다. 학생들이 짜깁기를 하는 이유는 글을 써야 하는 인지적 부담에서 손쉽게 벗어날 수 있기 때문이기도 하고, 짜깁기가 쓰기 윤리를 심각하게 위반하는 것이라고 생각하지 않기 때문이기도 하다.

Howard(1999)는 표절의 단일 범주를 해체해야 하고 짜깁기 행위를 학문적 비정직성의 하위집합으로 간주해야 한다고 지적하였다. 자신도 모르는 사이에 짜깁기가 행해진 것이라고 하면서 그것이 학문적 윤리에 무지한 필자에 의해 저질러졌다고 주장하지만 짜깁기 또한 명백한 비윤리적 행위임을 강조하였다.

▌진실하게 쓰기

글은 머릿속으로 이루어지는 사고 과정을 전개해 놓은 구체적인 실현물이다. 사고 과정이 바로 글이라고 볼 때 문학적인 글이 아닌 경우라면 자신의 생각과는 다른 표현으로 생각과 글이 괴리가 있다면 그것은 윤리적인 쓰기라고 할 수 없다. 일반적으로 글을 통해 글을 쓴 사람의 생각을 읽기도 하고 감정을 공유하고 교류하면서 상호작용을 하는데, 거짓된 글을 통해서는 이러한 것들이 불가능하기 때문이다.

우리나라 중학생 951명을 대상을 쓰기 윤리 실태를 조사한 박영민 외

(2008)의 연구에 따르면 '나는 실제 나의 생각과는 다른 내용을 글로 쓴 적이 있다.'라는 문항에 837명(88.6%)의 학생들이 그러한 경험이 있거나 많다고 응답하였다. 또한 '나는 경험하지 않은 일을 경험한 것처럼 글을 쓴 적이 있다.'라는 문항에는 827명(87.2%)의 학생들이 그러한 경험이 있거나 많다고 응답하였다. 이러한 결과는 대부분의 학생들이 자신의 생각이나 경험을 진실하게 글로 표현하는 것에 서툴며 이를 중요하게 생각하고 있지 않음을 말해 준다.

실제로 주장하는 글을 쓸 때 많은 학생들은 좀 더 수월하게 주장을 펴기 위해서나 독창적인 주장을 위해 자신의 생각과는 다른 주장으로 글을 전개하는 모습을 보인다. 또한 상을 타기 위해서나 점수를 잘 받기 위해서 자신이 실제 경험하지 않은 것을 경험한 것처럼 꾸며 쓰기도 한다. 쓰기의 중요한 기능 중의 하나는 쓰기를 통해 자신을 성찰하고 주변의 세계를 이해할 수 있다는 점이다. 일기나 수필, 수기 등의 글에서 이러한 기능이 부각된다. 그러나 일기나 수기, 수필 등의 글을 쓸 때조차도 숙제 검사나 수행평가 등을 해결하기 위한 수단으로 오히려 거짓 경험이나 자신의 생각과는 다른 글을 쓸 경우 쓰기의 성찰적 기능 자체가 마비될 수밖에 없고 사회적인 의사소통도 단절될 수밖에 없다.

▌ 사실대로 쓰기

사실대로 쓰기는 주로 과학적 글쓰기 상황에서 거론되는 쓰기 윤리의 범주이나, 과학과에서만 다루어야 하는 범주는 아니다. 개정 교육과정에는 7학년 쓰기 영역에 '절차와 결과가 드러나게 보고서를 쓴다.'라는 성취 기준을 설정하고 내용 요소의 예로 '관찰·조사·실험 및 보고의 윤리 지키기'를 제시하고 있다. 그리고 구체적으로, 다른 사람의 연구 결과를 표절하지 않기, 연구에 참여한 사람을 보호하기, 연구 결과를 과장하거나 왜곡하지 않고 사실에 근거하여 기술하기 등을 강조하고 있다.

신형기 외(2008)는 과학적 글쓰기에서 발생하는 윤리적 문제로 연구 과정에서 나타나는 행위들과 보고 과정에서 나타나는 행위들을 구분하여 제시하였다. 연구 과정에서의 윤리적 문제로 데이터의 선별적 기록과 보존, 실험이나 분석 절차의 생략, 데이터 및 자료의 도용을 들고 있으며, 보고 과정에서의 윤리적 문제로는 데이터의 선별 보고, 결과의 선별 보고, 미확인된 결과 제시, 미완결된 실험 보고, 결과의 중요성에 대한 과장, 결과 및 그 중요성에 대한 자기기만을 들고 있다.

이처럼 실험이나 관찰, 조사 등으로 이루어지는 연구에서 그 과정이나 결과를 조작하여 자신에게 유리하게 쓰는 경우, 자신에게 불리한 연구 결과 혹은 자신의 가설과 일치하지 않는 결과 등을 의도적으로 누락하는 것은 윤리적인 쓰기라고 할 수 없다.

이 범주에서는 관찰, 실험, 조사를 한 후 보고서 쓰기뿐만 아니라 다양한 매체에서 자료를 수집하여 설명문 쓰기, 면담을 하거나 사건을 취재한 후 기사문 쓰기 등에서 쓰기 윤리를 다룰 수 있다.

▌ 배려하며 쓰기

사람은 글을 쓰면서 다른 사람과 끊임없이 의사소통을 하고, 공동체의 질서를 공고히 하기도 하고, 사회적인 관계를 맺고 발전시켜 나아가기도 한다. 즉, 어떠한 글을 쓰느냐에 따라 우리가 맺고 있는 인간관계가 돈독해질 수도 있고 단절될 수도 있는 것이다.

정당하지 못한 내용과 표현을 사용하여 다른 사람을 속이거나 비방하는 것, 사실을 왜곡하거나 거짓을 사실인 양 유포하는 것 등은 이 범주의 비윤리적 쓰기에 해당한다. 특히 이 범주는 인터넷 등의 사이버 공간에서의 글쓰기와 관련된다.

사람들은 인터넷 등의 사이버 공간에서 소통과 공유를 통해 '집단 지성'을 구축할 수도 있고(Pierre Levy 1994, 권수경 역 2002), 다양한 사람들과 만나 정서적인 유대감을 형성하기도 한다. 하지만 널리 알려진 대로, 사이버 공간에서의 익명성은 자신의 행동에 대해서 책임질 필요가 없다고 생각하게 만들어 일탈 행위를 하게 한다(신미진 외, 2006). 익명성을 악용한 비윤리적 글쓰기는 다른 사람에게 치명적인 상처를 입히기도 하고, 심각한 사회적 물의를 일으킬 수도 있다.

중·고등학교 학생들에게 인터넷은 가장 친근하면서도 가장 손쉽게 접할 수 있는 표현 매체가 되었다. 단순하게 다른 사람의 글에 댓글을 다는 것에서부터 인터넷 토론에 참여하거나 블로그 등에 이런저런 글을 쓰는 것 등 점점 인터넷 글쓰기가 확대되면서 윤리적인 글쓰기에 대한 요구도 커져 가고 있다. 이러한 측면에서 '배려하며 쓰기' 범주는 중요한 의미를 갖는다. 자신의 글이 자기 자신뿐만 아니라 다른 사람에게도 직접 혹은 간접적으로 영향을 미친다는 것을 항상 염두에 둘 때 좀 더 신중한 글쓰기가 가능하다.

(3) 쓰기 윤리 교육의 지향

쓰기 윤리 교육의 목표가 윤리적인 쓰기 행위를 하도록 하는 데 있다고 볼 때, 윤리적인 쓰기 행위를 이끌어내고 지속시키기 위해서는 쓰기 윤리 의식의 함양이 필수적이다. 의식적 함양이 충분히 이루어졌을 때라야 행동 변화가 수월하고 그 지속성을 보장받을 수 있기 때문이다. 올바른 쓰기 윤리 의식 함양의 방향은 개인적인 글쓰기 차원에서 점차 사회적 글쓰기 차원으로 확대하여야 할 것이다. 이에 따라 개인의 양심성, 학문적 정직성, 사회적 공정성을 지향하는 쓰기 윤리 교육으로 방향을 잡을 수 있다.

■ 개인적 양심성

콜버그의 도덕성 발달 단계에 따르면 청소년들은 자신이 속한 집단의 기대나 기준에 맞추어 행동하는 경향이 있으며, 준거 집단 구성원들과의 사회적 상호작용을 통해 법과 질서를 지키려는 경향이 있다. 그러나 보편적 도덕 원리를 지향하는 양심에 기초한 도덕적 판단을 하는 데는 어려움을 보인다. 이러한 청소년기의 특성은, 쓰기를 수행할 때 비윤리적인 쓰기라는 것을 뻔히 알면서도 양심을 저버릴 가능성이 크다는 것을 말해 준다. 이러한 측면에서 중·고등학생들의 개인적 양심성을 각성시킬 수 있는 쓰기 윤리 교육을 지향해야 할 것이다.

더군다나 아직까지 쓰기 윤리에 대한 구체적인 교육이 이루어지지 않은 실정이기 때문에 학생들은 쓰기 윤리가 무엇이고 그 범주가 어떠하며 쓰기 윤리 위반에 해당하는 구체적인 사례는 무엇인지 제대로 파악하고 있지 못한 실정이다. 그렇다보니 자신도 모르는 사이에 의도하지 않고서도 쓰기 윤리를 위반하는 경우도 있고, 알면서도 크게 잘못이라고 생각하지 않는 경우도 있다. 단적인 예로 학업 부정행위에 대한 오영희(2003)의 연구에 따르면 고등학생들은 다른 학업 부정행위에 대한 인식에 비해 과제물과 관련된 부정행위에 대한 인식이 상대적으로 낮았다. 다른 사람의 글을 그대로 베끼는 명백한 표절 행위를 부정행위로 생각하지 않는 학생이 60%나 되었고, 이 같은 결과는 표절을 한 경험이 있는 고등학생이 63%가 된다는 사실로 이어졌다.

표절 행위가 남의 것을 도적질하는 것에 해당하며, 자신의 생각이나 경험과는 다른 글을 쓰는 것은 자기 자신은 물론 독자들을 의도적으로 속이는 나쁜 행위임을 인식할 수 있도록 해야 할 것이다. 쓰기 윤리를 위반하는 것은 인간의 양심을 저버리는 행위임을 자각할 수 있도록 지속적인 쓰기 윤리 의식 함양이 이루어져야 한다.

▍학문적 정직성

학문적 정직성은 주로 지식을 탐구하는 과정과 결과를 다루는 대학에서 논의되어 왔다. 그러나 학문적 정직성이 지식을 탐구하는 과정과 결과 즉, 정보를 활용하거나 다른 사람의 글 또는 생각을 인용하는 것과 관련이 된다고 볼 때, 중·고등학교의 쓰기 윤리 교육은 궁극적으로 학문적 정직성을 지향해야 할 것이다.

쓰기는 본질적으로 문제해결의 과정이며 창조적으로 의미를 구성하는 과정으로, 학습과 학문의 기본 매체이기도 하다. 필자는 글을 쓰면서 주제는 무엇으로 잡아야 할지, 어떻게 해야 의도하는 대로 글을 전개해 나갈 수 있는지, 통일성에 어긋난 부분을 어떻게 고쳐야 할지 등 쓰기 행위를 하면서 부딪치는 많은 문제들을 해결해 나가면서 동시에 새로운 의미를 구성해 나간다. 이러한 계속적인 과정을 통해 논리적이고 창의적인 사고력이 증진되며, 글을 쓰는 능력도 향상된다. 그러나 다른 사람의 글을 표절한다든지, 여러 글에서 부분적으로 짜깁기를 하는 등의 비윤리적인 글쓰기를 통해서는 이러한 것들을 성취하기 어렵다. 당장의 편안함이 학문적 성취를 위해 필요한 중요한 전략이나 기능을 습득할 기회를 빼앗아 갈 것이기 때문이다.

중·고등학생의 경우 대부분의 쓰기가 학교 현장에서 이루어지는 학습을 위한 글쓰기라는 점과 그들이 앞으로 학문적 글쓰기가 필요한 잠정적인 전문 필자라는 점은 쓰기 윤리 교육이 학문적 정직성을 지향해야 하는 당위성을 뒷받침해 준다. 이렇게 볼 때 학문적 정직성을 추구하는 큰 테두리 안에 쓰기 윤리를 다루어야 할 것이다.

▌사회적 공정성

필자는 쓰기를 통해 사회적인 소통에 참여함은 물론 사회적 담론을 형성하고 공유하면서 사회나 문화의 주체로서 참여할 수 있다. 필연적으로 다른 사람과의 관계 속에서 쓰기를 수행해야 하기 때문에 사회적 상호작용으로서의 쓰기 기능이 강조되기도 한다. 이러한 측면에서 단순히 글은 개인적 산물이 아니라 필자가 속해 있는 담화 공동체의 공동산물이라고도 할 수 있다.

Britton(1975)은 표현적 글쓰기가 어린이의 유년시절을 지배하고, 훗날에 교류적 쓰기와 문학적인 쓰기와 같은 보다 추상적인 형태로 점차적으로 진행한다고 보았다. 그래서 학생들이 차츰 분석과 일반화에 대해서 능숙해질 때 교류적(transactional) 글쓰기가 보편화되어 독자와의 의사소통이 가능함을 지적하였다. 쓰기 윤리 교육은 이러한 사회적 글쓰기로서의 특성을 전제로 하며 사회적 관계에 공정하고 올바른 영향을 미치는 쓰기 행위를 지향한다. 사회적 관계는 개인과 개인의 관계일 수도 있고 개인과 집단의 관계일 수도 있으며 집단과 집단의 관계도 해당된다.

사회적 공정성을 판단하는 기준은 글의 내용과 표현을 아우르는 것으로 파악될 수 있으며, 자신에게 이득이 되더라도 담화 공동체의 질서를 해칠 위험이 있는 글쓰기는 비윤리적인 글쓰기라고 할 수 있다. 대표적으로 표절의 경우 다른 사람의 지적 업적을 훔치는 행위가 되어 담화 공동체 내에서 맺어지는 사회적인 관계를 무너뜨리게 된다는 사실에 주목해야 한다. 또한 인터넷의 익명성을 빌려 진실을 왜곡하거나 다른 사람을 비방하는 내용의 글을 쓴다든지, 욕설 등의 저급한 표현의 글을 써서 다른 사람에게 치명적인 상처를 주는 것은 사회적 공정성을 해치는 대표적인 행위가 될 것이다.

(4) 쓰기 윤리의 지도 방안

쓰기 윤리 의식 함양과 더불어 구체적으로 쓰기 윤리를 실천하는 기회를 제공함으로써 쓰기 윤리가 실현될 수 있어야 할 것이다. 의식이 행위를 이끌어 내는 것은 분명하지만 의식이 충만하다고 해서 그것이 고스란히 실태를 말해 주는 것은 아니기 때문이다. 쓰기 윤리를 지도하기 위해서는 쓰기 수업 시간에 지속적으로 쓰기 윤리 교육이 이루어지는 것이 가장 바람직하다. 그러나 개정 교육과정의 쓰기 영역에서 쓰기 윤리에 대한 비중은 매우 작은 편이며 따라서 실제적으로 국어 시간에 쓰기 윤리 교육이 심층적으로 이루어질 가능성은 희박하다고 할 수 있다. 이러한 이유로 국어교사가 쓰기 윤리교육의 중요성을 인식하고 여러 가지 지도 방안을 탐색하는 것이 요구된다.

▌ 쓰기 윤리 수업으로

쓰기 윤리 의식을 함양할 수 있는 가장 좋은 방법은 쓰기 수업 시간을 통해 실제적인 지도가 구체적이고도 지속적으로 이루어지는 것이다. 학생들은 쓰기 윤리를 위반하면서도 그것이 잘못된 것인지 알지 못할 뿐만 아니라 어떻게 해야 윤리적인 글쓰기를 수행하는 것인지 모르는 경우가 많다. 글을 쓰면서 정확하게 인용하는 방법이 무엇인지, 어떤 글이 쓰기 윤리를 위반한 것인지 등의 윤리적인 글쓰기에 대한 학습 경험이 거의 없기 때문이다. 쓰기 윤리가 교육과정의 성취기준으로 다루어진다고 하더라도, 교육과정과 이를 구현한 교과서만 의존해서는 효과적인 쓰기 윤리 교육이 이루어지기가 어렵다. 구체적으로 교과서에 구현되어 있든 그렇지 않든, 교사는 학생의 쓰기 능력을 신장시키기 위한 글쓰기 교육을 하면서 동시에 쓰기 윤리 교육을 해 나가야 할 것이다.

쓰기 윤리에 대해 직접적으로 수업을 할 때는 우선 쓰기 윤리를 위반한 구체적인 사례를 통해 지도할 수 있다. 예를 들면 짜깁기하여 쓴 글을 원본과 대조하여 보여주거나 잘못된 인용 방법을 사용한 글을 수업 자료로 사용할 수 있다. '진실하게 쓰기'의 범주의 경우에는 생각이나 경험과 글이 일치하는지의 여부를 판단하기 어려우므로, 쓰기 윤리를 위반한 사실을 고백한 글을 사용하면 좋을 것이다. 모범적인 글보다는 쓰기 윤리를 위반한 글을 구체적이고도 다양하게 활용하면 비윤리적인 쓰기의 유형을 확실히 인식하게 할 수 있고, 무지로 인해 범했던 쓰기 윤리 위반을 막을 수 있다. 이때, 그러한 글이 왜 쓰기 윤리를 위반한 글인지, 쓰기 윤리를 위반하면 안 되는 이유는 무엇인지, 어떻게 해야 쓰기 윤리를 지킬 수 있는지 등을 생각해 보게 한다. 학생들 스스로 문제를 발견하고 의견을 나누어 가면서 해결점을 찾아가는 수업이 바람직하다.

또한, 쓰기 맥락이나 글의 유형에 따라 구체적인 지도 내용이 달라질 필요가 있다. 예를 들면, 설명문을 쓸 때에는 '정직하게 쓰기' 범주에서 정보를 제대로 인용하고 활용하는 방법, 출처를 정확히 기재하는 방법, 사실과 의견을 명확히 밝히는 방법 등을 지도할 수 있다. 보고서 등을 쓸 때에는 '사실대로 쓰기' 범주에서 조사나 실험, 관찰할 때 연구 윤리 지키기, 데이터 활용 방법, 연구 결과를 올바르게 해석하기 등의 지도가 가능하다. 이들에 대한 지도 후에는 직접 쓰기 윤리를 지키면서 글을 쓸 수 있는 기회를 가지도록 하고 충분한 피드백을 통해 쓰기 윤리가 체득될 수 있도록 한다.

▌쓰기 윤리 점검 문항 사용하여

쓰기 윤리의 개념과 범주 그리고 쓰기 교육의 방향에 대한 논의를 토대로 쓰기 윤리 점검 문항을 개발하여 사용할 수 있다. 쓰기 윤리 점검 문항은 국어교사가 수업 현장에서 손쉽게 이용할 수 있으며, 학생들에게는 스스로 자신의 쓰기 윤리를 점검하면서 쓰기 윤리 의식을 함양하고 궁극적으로는 올바른 쓰기를 하도록 도울 수 있어야 한다.

〈표 5-1〉 쓰기 윤리 점검 문항

쓰기 윤리의 범주	적용 가능한 글의 유형	점검 항목	예	아니요
정직하게 쓰기	모든 글	올바른 인용 방법을 사용하였는가?		
		인터넷 등에서 짜깁기를 하지 않았는가?		
		참고 자료의 출처를 정확히 기록하였는가?		
		전에 썼던 글을 다시 사용하지는 않았는가?		
		인용한 글과 자신의 글을 명확히 구분하여 썼는가?		
		다른 사람의 글이나 아이디어를 무단으로 가져오지는 않았는가?		
진실하게 쓰기	논설문, 수필, 일기 등	나의 생각과 글이 일치하는가?		
		나의 경험과 글이 일치하는가?		
사실대로 쓰기	보고서, 설명문, 기사문 등	데이터를 올바르게 해석하고 활용하였는가?		
		실험, 관찰, 조사의 과정이나 결과를 사실대로 썼는가?		
배려하며 쓰기	인터넷 글쓰기 등	거짓이나 허위 사실을 쓰지는 않았는가?		
		다른 사람을 비방하는 글을 쓰지는 않았는가?		
		다른 사람에게 상처가 되는 글을 쓰지는 않았는가?		
		욕설 등의 비속어를 사용하여 다른 사람에게 불쾌감을 주지는 않았는가?		

쓰기 윤리 점검 문항을 개발하기 위해서는 먼저 쓰기 윤리의 범주를

으로", 『교육연구』 30, 전남대학교 교육문제연구소, 21-41.

오영희(2003). "고등학생들의 학업부정행위에 대한 지각, 경험, 관련변인 분석 연구", 『교육심리연구』 17, 한국교육심리학회, 5-24.

오택환(2009). "고등학생 필자의 쓰기 태도 발달에 관한 연구", 『국어교육연구』 45, 국어교육학회, 125-148.

윤준채(2009). "초등학생 필자의 쓰기 태도 발달 연구", 『작문연구』 8, 한국작문학회, 277-297.

이수진(2011). "쓰기 직접 평가를 위한 텍스트 분석 평가의 실행 방안", 『작문연구』 13, 한국작문학회, 143-167.

이연정(2008). "교사의 피드백 유형이 초등학생의 일기 쓰기 태도에 미치는 영향", 석사학위논문, 부산대학교 대학원.

이은희(2002). "글쓰기 능력의 지표화 방안 연구", 『국어교육학연구』 15, 국어교육학회, 375-404.

이재기(1997). "작문 학습에서의 동료평가활동 과정 분석", 석사학위논문, 한국교원대학교 대학원.

이재기(2004). "문식성 교육 지배 담론의 주체 형성 효과", 『국어교육학연구』 21, 국어교육학회, 43-94.

이재기(2006). "맥락 중심 문식성 교육 방법론 고찰", 『청람어문교육』 34, 청람어문교육학회, 99-128.

이재기(2012). "학생 필자의 해석 텍스트에 대한 '반응 중심' 작문 평가", 『작문연구』 13, 한국작문학회, 170-190.

이재분 외(2002). "초·중학생의 지적·정의적 발달 수준 분석 연구Ⅲ", 연구보고 RR 2002-4, 한국교육개발원.

이정모(2009). 『인지과학 : 학문 간 융합의 원리와 응용』, 성균관대학교 출판부.

임천택(2005). "초등학생의 설명 텍스트에 나타난 쓰기 발달 특성 연구", 『청람어문교육』 32, 청람어문교육학회, 123-151.

정은영 외(2009). "국가 수준 학업성취도 평가 결과 추이 : 2003-2008 초등학교 6학년", 연구보고 RRE 2009-8-1, 한국교육과정평가원.

정은영 외(2009). "국가 수준 학업성취도 평가 결과 추이 : 2003-2008 중학교 3학년", 연구보고 RRE 2009-8-2, 한국교육과정평가원.

정혜승(2008). "문식성의 변화와 기호학적 관점의 국어과 교육과정 모델", 『교육과정연구』 26, 한국교육과정학회, 149-172.

주영미(2001). "학령에 따른 쓰기 능력 발달에 대한 연구 : 분석적 평가를 통한 양적 측면을 중심으로", 석사학위논문, 한양대학교 대학원.

천경록(1995). "기능, 전략, 능력의 개념 비교", 『청람어문교육』 13, 청람어문학회,

316-330.

천경록(1999). "읽기의 개념과 읽기 능력의 발달 단계", 『청람어문교육』 21, 청람어문학회, 263-282.

최인자(2001). "문식성 교육의 사회·문화적 접근", 『국어교육연구』 8, 서울대학교 국어교육 연구소, 191-220.

한선희(2001). "서사문 쓰기 발달 양상 연구", 석사학위논문, 한국교원대학교 대학원.

황정규(1998). 『교육측정·평가의 새 지평』, 교육과학사.

Ajzen, I. & Fishbein, M. (1980). *Understanding attitudes and predicting social behavior.* London : Prentice-Hall.

Albin, M. L., Benton, S. L., & Khramtsova, I. (1996). Individual differences in interest and narrative writing. *Contemporary Educational Psychology,* 21, 305-324

Alexander, P. A., Schallert, D. L., & Hare, V. C. (1991). Coming to Terms : How Researchers in Learning and Literacy Talk About Knowledge, *Review of Educational Research,* 61(3), 315-343.

Anderman, E. M., & Maehr, M. L. (1994). Motivation and schooling in the middle grades. Review of Educational Research, 64(2), 287-309.

Baddeley, A. D. (2007). *Working memory, thought, and action.* New York : Oxford University Press.

Baghban, M. (1984). *Our daughter learns to read and write : A case study from to three.* International Reading Association, Inc.

Bandura, A. (1986). *Social foundations of thought and action : A social cognitive theory.* Englewood Cliffs, NJ : Prentice Hall.

Bandura, A. (1997). *Self-efficacy : The exercise of control.* New York : Freeman.

Beach, R. (1989). Showing students how to assess : Demonstrating techniques for response in the writing conference, In C. M. Anson (Ed.) *Writing and response : Theory, practice, and research,* National Council of Teachers of English.

Bereiter, C. (1980). Development in writing. In L. W. Gregg & E. R. Steinberg (Eds.) Cognitive Processes in Writing. (pp. 73-93). Hillsdale : Erlbaum.

Bereiter, C., & Scardamalia, M. (1987). *The psychology of written composition.* Hillsdale, NJ : Lawrence Erlbaum Associates.

Boscolo, P., & Hidi, S. (2007). The multiple meanings of motivation to write. In S. Hidi & P. Boscolo (Eds.), Studies in Writing, 19, *Writing and Motivation* (pp. 1-14). Oxford : Elsevier.

Boscolo, P. Favero, L. D., & Borghetto, M. (2007). Writing on interesting topic : Does writing foster interest? In S. Hidi & P. Boscolo (Eds.), Studies in Writing, 19, *Writing and Motivation* (pp. 73-90). Oxford : Elsevier.

Boscolo, P., & Gelati, C. (2007). Best practices in promoting motivation for writing. In S. Graham, C. A. MacAuthur, & J. Fitzgerald (Eds), *Best practices in writing instruction* (pp. 202-221). New York, NY : Guilford Press.

Britton, J., Burgess, T., Martin, N., McLeod, A., & Rosen, H. (1975). *The development writing abilities*(11-18), Macmillan Education Ltd.

Brown, A. (1987). Metacognition, executive control, self-regulation, and other more mysterious mechanisms. In F. Weinert & R. Kluwe (Eds.), *Metacognition, motivation, and understanding* (pp. 21-29). Hillsdale, NJ : Lawrence Erlbaum.

Chall, J. S. (1996). *Stages of reading development*. New York : McGraw-Hill.

Corden, R. (2000). *Literacy and learning through talk : Strategies for the primary classroom*. Open University Press, Buckingham Philadelphia.

Cooper, J. D., & Kiger, N. D. (2008). *Literacy assessment : Helping teachers plan instruction*. Boston : Houghton Mifflin Co.

Eagly, A., & Chaiken, S. (1993). The psychology of attitudes. Fort Worth, TX : Harcourt Brace Jovanovich.

Englert, C. S., Raphael, T. E., Fear, K. L., & Anderson, L. M. (1988). Students' metacognitive knowledge about how to write informational texts. *Learning Disability Quarterly*, 11(1), 18-46.

Engelhard, G., Walker, E. S., Gordon, B., & Gabrielson, S. (1994). Writing tasks and gender : influences in writing quality of black and white students. *Journal of Educational Research*, 87(4), 197-209.

Erwin, P. 고은경(2006) 역, 『태도와 설득』, 서울 : 시그마프레스.

Faigley, L., Daly, J. A., & Witte, S. P. (1981). The role writing apprehension in writing performance and competence. *Journal of Educational Research*, 75, 16-21.

Fishbein, M. & Ajzen, I. (1975). *Belief attitude, intention, and behavior : An introduction to theory and research*, MA : Addison-Wesley.

Fitzgerald, J (1987). Research on revision in writing. *Review of Educational Research*, 57, 481-506.

Flavell, J. H. (1976). Metacognitive aspects of problem solving. In L. B. Resnick (Ed.), *The nature of intelligence* (pp. 231-236). Hillsdale, NJ : Erlbaum.

Flavell, J. H. (1987). Speculation about the nature and development of metacognition. In F. Weinert & R. Kluwe (Eds.), *Metacognition, motivation, and understanding* (pp. 21-29). Hillsdale, NJ : Lawrence Erlbaum.

Flower, L. S. (1979). 'Writer-based prose : A cognitive basis for problems in writing', *College English*, 41(1), 19-37.

Flower, L. S., & Hayes, J. R. (1981). A cognitive process theory of writing. *College Composition and Communication*, 32(4), 365-387.

Graham, S. (2006a). Writing. In P. A. Alexander, & P. H. Winne (Eds.), *Handbook of educational psychology* (pp. 457-478). Lawrence Erlbaum Associates.

Graham, S. (2006b). Strategy instruction and the teaching of writing : A meta-analysis. In C. A. MacArthur, S. Graham, & J. Fitzgerald (Eds.), *Handbook of writing research* (pp. 187-207). New York/London : Guilford Press.

Graham, S, Berninger, V., & Fan, W. (2007). The structural relationship between writing attitude and writing achievement in frist and third grade students. *Contemporary Educational Psychology* 32, 516-536.

Graham, S., Harris, K. R., & Mason, L. (2005). Improving the writing performance, knowledge, and self-efficacy of struggling young writers : The effects of self-regulated strategy development. *Contemporary Educational Psychology*, 30(2), p. 207-241.

Graham, S., Schwartz, S. S., & MacArthur, C. A. (1993). Knowledge of writing and the composing process attitude toward writing, and self-efficacy for students with and without learning disabilities. *Journal of Learning Disabilities*, 26(4), 237-249.

Graham, S., & Perin, D. (2007). A meta-analysis of writing instruction for adolescent students. *Journal of Educational Psychology*, 99, 445-476.

Hayes, J. R. (1996). A new framework for understanding cognition and affect in writing, In C. M. Levy & S. Ransdell (Eds), *The science of writing : Theories, methods, individual differences, and applications*. Mahwah, NJ : Lawrence Erbaum Associates, 1−27.

Hayes, J. R. (2006). New direction writing theory. In C. A. MacArthur, S. Graham, & J. Fitzgerald (Eds.), *Handbook of writing research* (pp. 28-40). New York/London : Guilford Press.

Hayes, J. R. & Flower, L. S. (1980a). Identifying the organization of writing processes. In L. W. Gregg, & E. R. Steinberg (Eds), *Cognitive Processes in Writing* (pp. 3-30). Hillsdale, NJ : Lawrence Erlbaum Associates.

Hayes, J. R. & Flower, L. S. (1980b). Writing as problem solving. *Visible Language*, 14, 388-399.

Hayes, J. R., Flower, L. S., Schriver, K., Stratman, J., & Carey, L. (1985). *Cognitive processes in revision* (Technical Report No. 12), Pittsburgh : Carnegie Mellon University,

Communication Design Center.

Hidi, S., & Boscolo, P. (2006). Motivation and writing. In C. A. MacArthur, S. Graham, & J. Fitzgerald (Eds.), *Handbook of writing research* (pp. 144-157). New York/London : Guilford Press.

Hidi, S. & Renniger, K. A. (2006). The four-phase model of interest development. *Educational Psychologist*, 41(2), 111-127.

Hoff, E. 이현진 외(2007) 역, 『언어발달』, 서울 : 시그마프레스.

Howard, R. M.(1999). The Ethics of Plagiarism, In Michael A. Pemberton(ed), *The ethics of writing instruction : Issues in theory and practice*, Ablex Publishing Corporation.

Hudson, R. (2009). Measuring maturity. In R. Beard, D. Myhill, J. Riley, & M. Nystrand (Eds.) *The sage handbook of writing development* (pp. 349-362). SAGE Publications Ltd.

Jacobs, J. E., & Paris, S. G. (1987). Children's metacognition about reading : Issues in defintion, measurement, and instruction. *Educational Psychologist*, 22, 255-278.

Kegley, P. H. (1986). The effect of mode discourse on student writing performance : Implication for policy. *Educational Evaluation and Policy Analysis*, 8, 147-154.

Kellogg (1994). *The psychology of writing*. Oxford University Press, Ins.

Klassen, R. (2002). Writing in early adolescence : A review of the role of self-efficacy beliefs. *Educational psychology review*, 14(2) 173-204.

Klein, M. L. (1985). The development of writing in children : Pre-K through grade 8. Prentice-Hall, Inc.

Knudson, R. E. (1992). The development of written argumentation : An analysis and comparison of argumentative writing at four grade levels. *Child Study Journal*, 22(3), 167-184.

Knudson, R. E. (1993a). Effects of ethnicity in attitudes toward writing. *Psychological Reports*, 72, 39-45.

Knudson, R. E. (1993b). Development of writing attitude survey for grades 9 to 12 : Effects of gender, grade, and ethnicity. *Psychological Reports*, 73, 587-594.

Knudson, R. E. (1995). Writing experiences, attitudes, and achievement of first to sixth graders. *The Journal of Educational Research*, 89(2), 90-97.

Langer, J. A. (1984). The effects of available information responses to school writing tasks. *Research in the Teaching of English*, 18, 27-44.

Levy, P. 권수정 역(2002). 『집단 지성 : 사이버 공간의 인류학을 위하여』, 문학과 지성사

Lipson, C. 김형주 이정아 역(2008). 『정직한 글쓰기 : 표절을 예방하는 인용법 길잡이』, 멘트로.

Liska, A. (1984). A critical examination of the causal structure of the fishbein/Ajzen attitude-behavior model. *Social Psychology Quarterly*, 47(1), 61-74.

McCutchen, D. (2006). Cognitive factors in the development of children's writing. In C. A. MacArthur, S. Graham, & J. Fitzgerald (Eds.), *Handbook of writing research* (pp. 115-130). New York/London : Guilford Press.

Miller, M. D., & Crocker, L. (1990). Validation methods for direct writing assessment. *Applied Measurement in Education*, 3(3), 285-296.

Nelson, N. (2007). Why write? A consideration of rhetorical purpose. In S. Hidi & P. Boscolo (Eds.), Studies in Writing, Volume 19, *Writing and Motivation* (pp. 17-30). Oxford : Elsevier.

Nelson, N., & Kinneavy, J. L. (2003). Rhetoric. In J. Flood, D. Lapp, J. R. Squire, & J. M. Jensen (Eds), *Handbook of research on teaching the English language arts* (pp. 786-798). Mahwah, NJ : Lawrence Erlbaum Association.

Nolen, S. B. (2007). The role of literate communities in the development of children's interest in writing. In S. Hidi & P. Boscolo (Eds.), Studies in Writing, Volume 19, *Writing and Motivation* (pp. 241-255). Oxford : Elsevier.

Oldfather, P., & Shanahan, C. H. (2007). A cross-case study of writing motivation as empowerment. In S. Hidi & P. Boscolo (Eds.), Studies in Writing, Volume 19, *Writing and Motivation* (pp. 257-279). Oxford : Elsevier.

Park, Y. M. (1987). *The influence of the task upon writing performance*. Seoul : Tower Press.

Pajares, F. (1996). Self-efficacy beliefs and the writing performance of entering high school students. *Psychology in the Schools*, 33, 163-175.

Pajares, F. (2003). Self-efficacy beliefs, motivation, and achievement in writing : A review of the literature. *Reading & Writing Quarterly*, 19, 139-158.

Pajares, F., & Valiante, G. (1997). Influence of self-efficacy on elementary students' writing. *The Journal of Educational Research*, 90(6), 353-360.

Pajares, F., Valiante, G. & Cheong. Y. F. (2007). Writing self-efficacy and its relation to gender, writing motivation, and writing competence : a developmental perspective. In S. Hidi & P. Boscolo. (Eds.), Studies in Writing, Vol. 19, *Writing and Motivation* (pp. 141-159). Oxford : Elsevier.

Perin, D. (2007). Best practice in teaching writing to adolescents. In S. Graham, C. A. MacAuthor, & J. Fitzgerald (Eds), *Best practices in writing instruction* (pp. 242-263). New York, NY : Guilford Press.

Levy, P. 권수정 역(2002). 『집단 지성 : 사이버 공간의 인류학을 위하여』, 문학과 지성사

Posner, 정해룡 역(2009). 『표절의 문화와 글쓰기의 윤리』, 산지니.

Pressley, M., & Harris, K. R. (2006). Cognitive strategies instruction : From basic research to classroom instruction. In P. A. Alexander & P. H. Winne (Eds.), *Handbook of educational psychology* (pp. 265-286). Lawrence Erlbaum Associates.

Rafoth, B. (1985). Audience adaptation in the essays of proficient and non proficient freshmen writers. *Research in the Teaching of English*, 19, 237-253.

Raphael, T. E., & Hiebert E. H. (1996). *Creating an integrated approach to literacy instruction.* Harcourt Brace College Publishers.

Rijlaarsdam, G., & Bergh, H. (2006). Writing process theory : A functional dynamic approach. In C. A. MacArthur, S. Graham, & J. Fitzgerald (Eds.), *Handbook of writing research* (pp. 41-53). New York/London : Guilford Press.

Ruth, L., & Murphy, S. (1988). *Designing writing tasks for the assessment of writing. Norwood,* N J : Ablex.

Scardamalia, M., Bereiter, C., & Goleman, H. (1982). The role of production factors in writing ability. In M. Nystrand (Ed.), *What writers know : The language, process, and structure of written discourse* (pp. 175-210). San Diego, CA : Academic Press, Inc.

Strong, W. (2006). *Write for insight : Empowering content area learning, grades 6-12.* Boston : Pearson Education.

Schunk, D. H. (1995). Self-efficacy and education and instruction. In J. E. Maddux (Ed.), *Self-efficacy, adaptation, and adjustment : Theory, research, and applications* (pp.281-303). New York : Plenum Press.

Schunk, D. H., & Swartz, C. W. (1993). Goals and progress feedback : effects on self-efficacy and writing achievement. *Contemporary Educational Psychology*, 18, 337-354.

Schunk, D., & Zimmerman, B. (1998). Self-regulated learning : From teaching to self-reflective practices. New York : Guilford Press.

Swanson, H. L., & Berninger, V. W. (1996). Individual differences in children's working memory and writing skill. *Journal of experimental child psychology*, 63, 358-385.

Tasi, P., & Cheng, Y. (2009). The effects of rhetorical task type, English, proficiency, and writing anxiety on senior high school students' English writing performance. *English Teaching & Learning*, 33(3), 95-131.

Tolchinsky, L. (2006). The emergence of writing. In C. A. MacArthur, S. Graham, & J. Fitzgerald (Eds.), *Handbook of writing research* (pp. 83-95). New York/London : Guilford Press.

Tompkins, G. E. (2001). *Literacy for the 21st century : a balanced approach.* Prentice-Hall, Inc.

Troia, G. A. (2009). *Instruction and Assessment for Struggling Writers.* Evidence-Based Practices, New York : Guilford Press.

Voss, J. F., Vesonder, G. T. & Spilich, G. T. (1980), Text generation and recall by high-knowledge and low-knowledge individuals. *Journal of Verbal Learning and Verbal Behavior*, 19, 651-667.

Way, D. P., Joiner, E. G., & Seaman, M. A. (2000). Writing in the secondary foreign language classroom : The effects of prompts and tasks on novice learners of French. *Modern Language Journal*, 84, 171-184.

White, M. J & Bruning, R. (2005). Implicit Writing Beliefs and Their Relation to Writing Quality, *Contemporary Educational Psychology*, 30, 169-189.

Yarrow, F., & Topping, K. J. (2001). Collaborative writing : The effects of metacognitive prompting and structured peer interaction. *British Journal of Educational Psychology*, 71, 261-282.

문 항	전혀 그렇지 않다	그렇지 않다	별로 그렇지 않다	조금 그렇다	그렇다	매우 그렇다
28. 나는 글을 쓰는 것보다는 읽는 것이 좋다.	1	2	3	4	5	6
29. 나는 학교에서 성공하기 위해서는 좋은 필자(글을 쓰는 사람)가 되어야만 한다고 생각한다.	1	2	3	4	5	6
30. 나는 학교에서 쉬는 시간에 주로 글을 쓴다.	1	2	3	4	5	6
31. 나는 공부(학습)를 위해 글쓰기가 필요하다고 생각한다.	1	2	3	4	5	6
32. 나는 글 쓰는 시간이 기다려진다.	1	2	3	4	5	6
33. 나는 글쓰기가 나를 돌아보게 하는 기회를 준다고 생각한다.	1	2	3	4	5	6
34. 나는 집에 있을 때 주로 글(내가 스스로 쓰고 싶어서)을 쓴다.	1	2	3	4	5	6
35. 시간이 있을 때, 나는 TV를 보는 것보다 글을 쓰는 것이 좋다.	1	2	3	4	5	6

혹시 빠뜨린 문항이 있는지 확인하여 주세요. 고맙습니다.

[부록 2] 확정된 쓰기 태도 검사 문항

▣ 효능감

　23. 나는 글을 쉽게 쓸 수 있다.

　21. 나는 학교에서 쓰는 글에 좋은 점수를 받을 수 있다.

　15. 나는 내가 쓴 글을 읽으면 마음에 든다.

　10. 나는 내가 쓴 글이 평가되는 것이 두렵지 않다.

　24. 나는 내가 생각을 글로 표현하는 능력이 있다고 생각한다.

　20. 나는 글쓰기의 과정을 알고 과정에 따라 글을 쓸 수 있다.

　7. 나는 지금보다 더 잘 쓸 수 있다고 생각한다.

▣ 자기표현 및 공유

　16. 나는 나에게 일어난 일에 대해 글을 쓰는 것이 좋다.

　17. 나는 내 생각을 적는 것을 좋아한다.

　6. 나는 내가 듣거나 본 것에 대해 글로 쓰는 것이 좋다.

　4. 나는 글을 잘 쓰기 위해 겪은 일이나 떠오르는 생각이 있으면 기록한다.

　18. 나는 내 글을 읽을 사람을 생각하면서 글을 쓴다.

　4. 나는 글을 잘 쓰기 위해 겪은 일이나 떠오르는 생각이 있으면 기록한다.

　19. 나는 내가 쓴 글을 다시 읽고 고쳐 쓰려고 노력한다.

　12. 나는 더 좋은 글을 쓰기 위해 다른 사람들과 내 글에 대해 이야기한다.

▣ 중요성 인식

　11. 나는 글쓰기가 좋은 직업을 얻는 데 중요하다고 생각한다.

　29. 나는 학교에서 성공하기 위해서는 좋은 필자(글을 쓰는 사람)가 되어야만 한
　　　다고 생각한다.

　22. 나는 글쓰기가 나의 생각을 표현하는 데 중요한 방법이라고 생각한다.

　31. 나는 공부(학습)를 위해 글쓰기가 필요하다고 생각한다.

　33. 나는 글쓰기가 나를 돌아보게 하는 기회를 준다고 생각한다.

　3. 나는 내 의견을 밝히기 위해 글을 쓰는 것이 필요하다고 생각한다.

■ 선호

32. 나는 글 쓰는 시간이 기다려진다.

34. 나는 집에 있을 때 주로 글(내가 스스로 쓰고 싶어서)을 쓴다.

8. 나는 글을 쓰는 것과 관련된 직업(예, 작가)을 갖고 싶다.

25. 나는 글쓰기를 좋아한다.

13. 나는 학교에서 글을 쓸 수 있는 시간이 더 많았으면 좋겠다.

[부록 3] 쓰기 평가 세부 기준

범주	평가 기준	척도				
내용	1-1 설명하는 대상이 분명하고 주제가 명확하게 드러나는가?	1	2	3	4	5
	5점. 설명하는 대상이 분명하고 주제가 명확하게 드러난다. 4점. 설명하는 대상은 분명하고 명확하지는 않지만 주제가 있다. 3점. 설명하는 대상이 분명하나, 주제를 파악하기 어렵다. 2점. 설명하는 대상은 있으나 분명하지 않고 주제를 파악하기 힘들다. 1점. 무엇을 설명하려고 하는지 알 수가 없다. ※주제 : 글쓴이가 말하고자 하는 것. 가치 판단을 의미하지는 않음. 　예) 설명 대상 : 축구, 주제 : 축구의 역사와 축구하는 방법					
	1-2 글의 내용이 풍부하고 통일성이 있는가?	1	2	3	4	5
	5점. 글의 내용이 풍부하고 전체적으로 통일성이 있다. 4점. 글의 내용이 풍부하나 통일성에서 벗어나는 것이 조금 있다(2개 이하). 3점. 글의 내용이 풍부하지는 않으나 통일성이 있다. 2점. 글의 내용이 풍부하나 통일성에서 벗어나는 내용이 많다(3개 이상). 1점. 글의 내용이 풍부하지 않고 통일성이 없다. ※풍부하다 : 세부 요소 3개 이상을 3-4문장으로 설명하거나 하나의 요소를 자세하게 　설명함.					
	1-3 제공하는 정보가 정확하며, 가치(정보의 유용성, 유익성)가 있는가?	1	2	3	4	5
	5점. 제공하는 정보가 정확하며 가치가 있다. 4점. 제공하는 정보가 정확하나 가치가 다소 부족하다. 3점. 제공하는 정보가 다소 부정확하나 가치가 있다. 2점. 제공하는 정보가 부정확하며 가치가 부족하다. 1점. 제공하는 정보가 없다. ※가치 : 필자가 아는 유용한 정보를 독자에게 전달함. 지나치게 진부하거나 상식적인 　내용은 가치가 부족하다고 판단함.					

범주	평가 기준	척도				
조직	**2-1 글의 전체 구조가 유기적이며 완결성을 갖추고 있는가?**	1	2	3	4	5
	5점. 글의 전체 구조가 처음, 중간, 끝으로 짜여 있고 유기적이며 완결성을 갖추었다.					
	4점. 글의 전체 구조가 처음, 중간, 끝으로 분명히 짜여 있지는 않으나 완결성을 어느 정도 갖추었다.					
	3점. 처음, 중간, 끝이 있으나(구분의 인식 있는 경우 포함), 그 역할을 다하지 못해 완결성이 부족하다.					
	2점. 처음, 중간, 끝의 구분이 없고 빠진 부분이 있어 완결성이 부족하다.					
	1점. 구조가 없다.					
	2-2 문단이 적절하게 구성되어 있고 문단 연결이 자연스러운가?	1	2	3	4	5
	5점. 각 문단이 주제 문장과 뒷받침 문장으로 구성되어 적절하게 나뉘어 있으며, 문단의 연결이 자연스럽다.					
	4점. 각 문단이 주제 문장과 뒷받침 문장으로 구성되어 적절하게 나뉘어 있으나, 문단의 연결이 다소 자연스럽지 못하다.					
	3점. 각 문단이 올바르게 구성되어 있지는 않으나 문단을 나누고 있다.					
	2점. 문단을 정확히 나누고 있지는 않으나 부분적으로 문단 인식이 반영되어 있다.					
	1점. 문단 인식이 없다(무조건 줄 바꿔서 나열하거나 계속 이어서 씀).					
	2-3 내용 전개(문장의 연결)가 자연스러우며 내용 전개 방법 (과정, 인과, 비교나 대조, 시간이나 공간 순서, 분류, 분석, 예시 등)이 효과적으로 사용되었는가?	1	2	3	4	5
	5점. 내용 전개가 자연스럽고 설명 대상의 특성에 맞는 내용 전개 방법을 효과적으로 사용하여 독자의 이해를 돕고 있다.					
	4점. 내용 전개가 자연스럽고 설명 대상의 특성에 맞는 내용 전개 방법을 사용하였으나, 전개 과정이 불충분하다.					
	3점. 설명 대상의 특성에 맞는 내용 전개 방법을 사용하고 있으나, 적절하지 못한 부분이 있어 문장의 연결(전개)이 다소 자연스럽지 않다.					
	2점. 내용 전개 방법을 사용하였으나, 문장의 연결(전개)이 산만하다.					
	1점. 특정한 내용 전개 방법을 사용하지 않았다. 설명 대상에 맞지 않은 내용 전개 방법을 사용하여 효과가 없다.					

범주	평가 기준	척도
표현	**3-1 표현이 명료하며 진술이 객관적인가?** 1 | 2 | 3 | 4 | 5	
	5점. 문장의 표현이 명료하며, 전체적으로 진술이 객관적이다.	
	4점. 문장의 표현이 명료하나 부분적으로 주관적인 진술이 보인다.	
	3점. 불분명한 표현이 부분적으로 나타나나 객관적인 진술이 유지되어 있다.	
	2점. 불분명한 표현이 부분적으로 나타나고 주관적인 진술이 더러 있다.	
	1점. 불분명한 표현이 많고 주관적인 진술이 대부분이다.	
	※주관적 진술 : 자신의 생각이나 감정 표현이 드러남 예 : 나는 정말 김밥을 좋아한다.	
	3-2 독자를 고려하여 표현하고 있으며, 표현이 일치되어 있는가? 1 | 2 | 3 | 4 | 5	
	5점. 독자를 고려하여 표현하였고, 서술 어미나 지시어 등이 글 전체적으로 일치되고 있다.	
	4점. 독자를 고려하지 못해 이해하기 어려운 표현이나 자신만이 아는 표현이 부분적으로 나타나나, 서술 어미나 지시어 등이 일치되어 있다.	
	3점. 독자를 고려하여 표현하였으나, 서술 어미나 지시어 등이 부분적으로 일치되지 않았다.	
	2점. 독자를 고려하지 못해 이해하기 어려운 표현이나 자신만이 아는 표현이 부분적으로 나타나고 서술 어미나 지시어 등의 일치성이 부족하다.	
	1점. 자신만 아는 표현을 주로 사용하여 이해하기 힘들며, 서술 어미나 지시어 등이 일치되지 않았다.	
	※독자를 고려한 표현 : 어려운 개념이나 용어를 풀어서 써 주거나, 이해를 돕기 위해 예를 들거나 부연 설명을 함.	
	3-3 단어의 선택이 적절하고 바른 문장이 사용되었는가? 1 | 2 | 3 | 4 | 5	
	5점. 글 전체적으로 적절한 단어가 선택되었으며, 바른 문장이 사용되었다.	
	4점. 적절하지 않은 단어(2-3개)가 더러 있으나, 문장이 바르다.	
	3점. 단어의 선택은 적절하나 바르지 않은 문장이 더러(2-3개) 있다.	
	2점. 적절하지 않은 단어와 바르지 않은 문장이 꽤 있으나 이해는 가능하다. (4개 이상)	
	1점. 적절하지 않은 단어가 많고 문장이 바르지 않아 이해가 어렵다.	